ARSÈNE HOUSSAYE ET J. SANDEAU.

MARIE.

PARIS
DESESSART, ÉDITEUR,
22, RUE DES GRANDS-AUGUSTINS.

M DCCC XLIII.

MARIE.

PUBLICATIONS NOUVELLES.

COMTESSE DASH.

	vol.	fr. c.
LE JEU DE LA REINE.	2 in-8	15 »
MADAME LOUISE DE FRANCE.	1 in-8	7 50
L'ÉCRAN.	1 in-8	7 50
MADAME DE LA SABLIÈRE.	1 in-8	7 50
LA CHAÎNE D'OR.	1 in-8	7 50
LE FRUIT DÉFENDU.	4 in-8	30 »
LA MARQUISE DE PARABÈRE.	2 in-8	15 »
LES BALS MASQUÉS.	2 in-8	15 »
LE COMTE DE SOMBREUIL.	2 in-8	15 »
LE CHATEAU DE PINON.	2 in-8	15 »

Sous presse :

LES GROTESQUES,
Par Th. GAUTIER.
2 vol. in-8.

LES BOHÉMIENS DE PARIS,
Par ROGER DE BEAUVOIR.
2 vol. in-8.

SCEAUX. — IMPR. DE E. DÉPÉE.

ARSÈNE HOUSSAYE ET J. SANDEAU.

MARIE.

PARIS
DESESSART, ÉDITEUR,
22, RUE DES GRANDS-AUGUSTINS.

MDCCCXLIII.

Ce récit n'est pas un roman imaginé, c'est de l'histoire pure et simple. Mais ici la vérité a bien assez de poésie romanesque pour se passer des beaux mensonges du roman et des ornements étrangers. Si vous avez la patience de feuilleter les fades recueils de Gayot de Pitaval, les lettres galantes de madame Du Noyer, les plaidoyers et les mémoires de la fin du dix-septième siècle, vous verrez peu à peu se dessiner la physionomie des personnages que je ranime ici. L'héroïne, Marie Joisel ou Marie de Joysel, a été longtemps célèbre à Paris, comme le sont les grands coupables qui ont de l'attrait par l'esprit ou la beauté. Je n'introduis pas dans ce triste drame un seul acteur dont je ne puisse donner l'extrait de naissance et l'extrait mortuaire. J'ai reproduit tous les noms, en essayant de retracer, d'après les ombres évoquées, d'après les notes et mémoires du temps, les figures, les passions et les caractères. Cette histoire met en relief certaines idées et certaines questions dignes d'arrêter un instant les graves esprits. Quand les passions sont en jeu comme ici, quand les passions s'agitent violemment dans les ténèbres du cœur, il en jaillit toujours des éclairs. Les passions sont des coursiers indomptés qui galopent la nuit en pleine campagne, qui vont au hasard enivrés par la course, éclairant çà et là leur chemin au choc d'un caillou. La vie de Marie de Joysel confirme surtout ces paroles d'un divin apôtre : « Si vous voulez sauver le pécheur, disait saint Paul, ne l'outragez pas, consolez-le, aimez-le; il se repentira dans votre compassion et dans votre amour; à la première larme de repentir, il sera sauvé. »

I

En 1683, sur le quai des Tournelles, un vieux chanoine et sa gouvernante vivaient dans la paix de ce monde, avec le royaume des cieux en perspective. Le chanoine Leblanc était un digne vieillard noblement couronné de ses cheveux blancs; en dépit de ses soixante-huit ans, il était vert encore, comme tous les pieux serviteurs de Dieu qui ont vécu dans la foi, loin des passions profanes. Il n'avait eu dans le cœur que de légers soucis et de passagères inquiétudes, tantôt pour un mauvais souper, tantôt pour les commérages de sa gouvernante. Quoiqu'il aimât à souper, n'imaginez pas un petit curé rondelet en forme de tonneau, à la face jovialement épanouie, prêchant peu, mais buvant *à coup sûr*, comme dit Rabelais. C'était un beau vieillard, un peu sec, un peu grand, n'outrepassant point sa mission divine, mais la remplissant avec bonne foi et avec gravité. Il était fort aimé dans son chapitre et dans son église, comme un homme simple qui ne prêchait que deux fois l'an. Il n'avait pas grande fortune; le peu qu'il avait était à tout le monde, à sa famille, aux pauvres, mais surtout à sa gouvernante. On ne lui reprochait guère parmi ses amis que d'être un peu lunatique; la gaîté, l'ennui, la tristesse, la mélancolie, tout lui venait par secousses, par boutades, selon la pluie ou le beau temps. Ses jours de mélancolie, il les passait au coin de son feu, à tisonner, perdu dans des songes infinis, perdu dans son purgatoire, comme il le disait lui-même. On ne pouvait alors lui arracher une seule phrase; il ne répondait que par monosyllabes, même quand sa gouvernante lui parlait du souper. Quelquefois huit jours se passaient ainsi, mornes et silencieux; mais un matin on était tout étonné de le retrouver de bonne humeur, ouvrant sa fenêtre et son cœur au premier rayon de soleil.

Mademoiselle Marie-Madeleine-Angélique Dumont, était une vieille fille destinée dès le berceau à devenir la servante d'un curé. Le portrait ne sera pas long : laide, acariâtre, avare, mécontente de tout, mécontente d'elle-même, toujours tirée à quatre épingles, au demeurant la meilleure gouvernante du monde.

Le chanoine Leblanc était d'une famille de

laboureurs du Lyonnais. Une sœur lui restait qui avait épousé un médecin de Lyon, du nom de Thomé. Ce médecin était un brave homme trop simple pour bien cultiver la maladie; aussi, sur la fin de sa carrière, n'ayant rien amassé et ne sachant où bien placer ses enfants, il prit le parti, sur les prières de sa femme, de recommander son second fils Charles-Henri Thomé à la bonne volonté du chanoine, qui passait pour être fort à son aise. Le vieux curé, sans en rien dire à Angélique, avait envoyé trois milles livres à son neveu pour étudier la médecine à Montpellier. Reçu médecin de la faculté, Henri n'en était pas plus riche. Où trouver des malades? son père n'en avait pas trop pour lui-même. — Va-t-en à Paris, lui dit un jour sa mère en l'embrassant, va-t-en trouver mon brave frère; par amour pour sa sœur, il te servira de père et fera ta fortune. — Henri était parti dans le coche, en compagnie d'un soldat aux gardes, avec une douzaine d'écus et les larmes de sa famille.

C'était un grand garçon de vingt-quatre ans, d'une figure bien illuminée par le regard, gracieusement encadrée par les boucles d'une belle chevelure brunissante, un peu pâle, mais pourtant assez animée. Il n'avait pas l'esprit mordant et desséchant de l'homme du midi ; sa bouche avait toujours conservé je ne sais quoi de doux et de naïf qui révélait un bon cœur.

Il débarqua un soir de décembre au logis de son vieil oncle. Le chanoine, voyant un peu le portrait de sa sœur, accueillit le jeune médecin avec une grande tendresse ; il mit pourtant de la retenue dans ses embrassements, de peur de chagriner Angélique. La vieille fille accueillit son hôte avec force grimaces, en marmottant entre ses dents quelque lugubre litanie. Comme elle servit ce soir-là un mauvais souper, elle finit par s'attendrir; au dessert elle daigna écouter Henri, qui lui parlait de temps en temps pour complaire à son oncle; elle poussa même l'affabilité jusqu'à lui souhaiter une bonne nuit en le conduisant dans une petite chambre qui était tout à la fois le salon, la chambre d'ami, la bibliothèque du chanoine.

Demeuré seul, Henri fit rapidement l'inventaire du mobilier : un lit à baldaquin, rideaux de taffetas jaune, prie-dieu en chêne sculpté, Christ en ivoire au-dessus, douze rayons pleins de livres et de poussière, deux fauteuils vermoulus en tapisserie, un petit miroir sur une grande cheminée; voilà à peu près l'ameublement. C'était un luxe inouï pour un chanoine bourgeois. Angélique n'entrait jamais dans cette chambre que du bout du pied, avec un tremblement d'admiration. Aussi elle avait fort bataillé avec l'abbé Leblanc pour que son neveu couchât ailleurs; elle avait fini par entendre les raisons du chanoine; elle finissait toujours par entendre raison, mais ce n'était toujours qu'après avoir bien crié. J'ai connu quelques femmes de cette nature. Au bout de huit jours, elle était au mieux avec Henri; elle lui racontait son histoire de famille, tous les mariages qu'elle avait refusés pour l'abbé Leblanc, toutes les nuits qu'elle passait pour le veiller, enfin elle lui ouvrait son cœur comme à un ami; elle ignorait, il est vrai, que Henri fût à demeure chez son oncle, c'est-à-dire, chez elle.

Un jour que l'abbé Leblanc était triste et distrait, elle apprit à Henri que le chanoine avait depuis quelques années ses lunes blanches, ses lunes rousses et ses lunes noires. Selon cette fille, il fallait bien se garder de lui parler sans raison dans ses heures lunatiques; mais Henri, inquiet de voir ainsi son oncle perdu en lui-même, voulut en avoir le secret, autant peut-être par curiosité que par sollicitude. Un soir donc, vers la nuit tombante, comme le chanoine, assis devant une fenêtre, semblait s'endormir avec le jour, Henri vint s'asseoir près de lui et parla de la pluie et du beau temps.

— Je ne sais si vous êtes comme moi, mon oncle : je suis singulièrement esclave des inconstances de votre climat de Paris; la pluie me gâte tout, même les beaux livres, tandis que le soleil m'égaie le cœur et les yeux; avec le soleil tout me sourit, les arbres, les maisons, la rivière. Dans l'église, mon âme est bien plus près de Dieu par le beau temps que par le brouillard.

Le chanoine ne répondit pas un mot.

— Je crois bien, mon oncle, que tous les hommes sont ainsi; il me semble que vous-même, qui vivez dans le Seigneur, loin des soucis et des peines de ce monde, vous ne pouvez vous défendre des atteintes du mauvais temps.

Le chanoine gardait toujours le silence.

— Je vois bien que je me trompais, reprit Henri en s'éloignant; ne m'en veuillez pas si je vous ai troublé dans vos saintes méditations. tout profane que je suis, je comprends ces épanchements de l'âme dans le sein de la divinité.

Il s'était arrêté, en disant ces mots, contre la cheminée où s'éteignaient quelques tisons épars. Un silence profond suivit ces paroles; mais bientôt le chanoine le croyant sorti sans doute, se mit à penser tout haut comme pour soulager son cœur. — O mon Dieu! donnez-moi la force de la sauver. Pauvre femme! au fond d'une indigne prison! Ah! Seigneur, vous aviez plus de miséricorde pour Madeleine! Et Madeleine avait peut-être moins de larmes et de beauté!

Henri, tout effrayé de surprendre le secret des tristesses de son oncle, sortit de la chambre à pas de loup. Mais il n'était pas à la porte que la vieille gouvernante, entrant tout à coup, l'arrêta au passage.

— Monsieur le chanoine, dit-elle à son maître, souperons-nous de bonne heure?

L'abbé Leblanc ne répondit pas.

— M'entendez-vous? reprit Angélique d'une voix retentissante. Dites-moi si vous irez à la prison aujourd'hui.

— Non, non, je n'irai pas, répondit le chanoine, comme en se parlant à lui-même. Je n'irai plus, je n'y veux plus retourner.

Et, tout en disant cela, il prit son parapluie et partit.

— Voyez-vous l'original! il y va tout droit malgré la pluie. A-t-on jamais vu un chanoine comme celui-là? Je vous demande un peu s'il ne pouvait pas attendre à demain. Se déranger pour des femmes de cette espèce, des libertines ou des criminelles ! Est-ce que ces femmes-là ont besoin de la croix et de l'eau bénite pour aller en enfer ? Enfin, qu'il en fasse à sa guise.

Henri était devenu rêveur. Il suivait son oncle en imagination ; il le voyait courir à Sainte-Pélagie, entrer dans une des cellules, consoler par la charité chrétienne quelque belle repentante, n'ayant plus, comme Madeleine, que ses cheveux et ses larmes.

— J'irai aussi à Sainte-Pélagie, dit-il tout à coup, comme entraîné par un pressentiment.

II

Jusque-là Henri n'avait pas aimé. Durant le cours de ses études il n'avait pas vécu à Montpellier comme un cénobite, mais la passion n'avait pas eu de prise sur son cœur. Il ne faut point s'y tromper, l'amour n'a ni force ni religion à l'aurore de la jeunesse; ce n'est d'abord qu'un caprice, un feu follet, une fantaisie gracieuse. Larochefoucauld l'a très bien dit : l'amourette vient avant l'amour.

Au retour du chanoine, Henri lui demanda s'il était content de son mauvais bercail, si les brebis égarées avaient repris pied dans le bon chemin.

— Les pauvres prisonnières, dit l'abbé Leblanc avec un peu d'agitation, sont toutes très touchées à la voix de l'évangile, elles se repentent de bonne foi. Il en est une pourtant plus rebelle, une qui parle du salut avec insouciance. Mais, grâce à moi, Dieu finira par descendre dans son cœur.

Après un silence, le chanoine poursuivit comme pour lui-même, tout en secouant son parapluie :

— Ah! si je pouvais sauver cet ange en révolte!

— Mon oncle, reprit Henri avec un peu de contrainte, est-ce qu'il n'y a pas de malades à Sainte-Pélagie ?

— Toujours; cette prison est presque un tombeau; on y apprend à mourir.

— Eh bien! mon oncle, puisque vous y êtes si bien le médecin des âmes, pourquoi n'y serais-je pas un peu le médecin des corps? Vous êtes en amitié avec M. de Louvois, avec monseigneur l'archevêque, avec d'autres personnages illustres.

— Hélas!

— Savez-vous bien que vous êtes un homme puissant! Ne pourriez-vous pas me faire nommer médecin-adjoint de la prison avec quelque six cents livres par an? En attendant des malades plus riches ou mieux placés, ce serait pour moi une étude et un devoir. Songez-y.

— Six cents livres! murmura le chanoine en lui-même. Il a raison, une étude et un devoir. Ce serait d'ailleurs un allégement pour moi. Six cents livres! en vérité, j'y songerai.

Il retomba bientôt dans le sombre dédale de ses rêveries.

Le surlendemain Henri, croyant sa demande oubliée, allait en reparler à son oncle, quand celui-ci lui apprit qu'il avait intercédé auprès de monseigneur le chancelier; que, grâce à ses hautes et bienveillantes protections, son neveu Charles-Henri Thomé était inscrit comme médecin-adjoint de la prison de Sainte-Pélagie.

Henri, après ses visites, en compagnie de son oncle, au médecin en chef et à la supérieure du refuge, demanda à être introduit auprès des pénitentes malades; mais il ne trouva ce jour-là que d'indignes créatures flétries par le crime et les mauvaises passions, n'ayant rien pour les recommander, ni beauté, ni énergie. « A coup sûr, dit-il, mon oncle s'est laissé aveugler! Voilà que j'ai vu presque toutes les prisonnières; il n'en est pas une qui puisse rappeler Madeleine pécheresse ou Madeleine repentante. » Mais quelques jours après, comme il passait dans un corridor avec le geôlier, une religieuse du couvent, la sœur Marthe, vint le prier de visiter une pauvre prisonnière que le directeur de la prison voulait contraindre au travail des condamnées.

— Si celle-là travaille jamais, je veux être emprisonné à mon tour, dit le geôlier. En bonne justice, on devrait laisser en paix des mains si fines et si blanches.

A l'air dont le geôlier disait ces paroles, on pouvait deviner que ces mains si fines et blanches avaient touché les siennes par quelques pièces de monnaie. Henri Thomé suivit en silence la religieuse. Elle le conduisit à une petite cellule au pied d'un escalier; elle prit une clé à sa ceinture, frappa trois petits coups, ouvrit et fit passer le jeune médecin devant elle. Après avoir jeté un coup-d'œil sur la prisonnière :

— Ma sœur, le médecin de la prison est souvent empêché par son grand âge de vous donner les secours de la médecine; accordez toute votre confiance à celui-ci, qui nous est adressé par son oncle, le respectable abbé Leblanc.

La prisonnière inclina lentement la tête en jetant un regard insouciant sur Henri Thomé.

— Je reviens dans quelques minutes, reprit la religieuse en fermant la porte.

Le jeune médecin demeurait debout devant la prisonnière, qui était assise au bord de son lit.

— De grâce, Monsieur, lui dit-elle avec une douceur angélique; de grâce, trouvez que je suis malade. Puisque vous êtes médecin, cela ne vous sera pas malaisé, reprit-elle avec un sourire légèrement railleur.

Et, tout en disant ces mots, elle leva sur lui deux yeux dont il fut ébloui.

— Je ne sais que vous répondre, Madame, si ce n'est que je vous trouverai malade tant que vous le voudrez être. Pour l'acquit de ma conscience, daignez me permettre de consulter...

Il n'acheva point sa phrase, car la prisonnière, voyant qu'il lui tendait la main, lui donna la sienne sans se faire prier. Comme elle sentit qu'il la pressait un peu plus que ne le doit faire un médecin, elle lui demanda avec empressement si elle avait la fièvre.

— Non, Madame, répondit-il d'une voix troublée. Mais, ajouta-t-il, et pour vous et pour moi je vous déclare malade pour longtemps. Je vais tout à l'heure le certifier sur le registre de la maison.

Elle accueillit ces paroles avec un peu de dédain.

— Je vous sais gré, Monsieur, de cette bonne volonté.

Et là-dessus elle prit un livre de prières et fit semblant d'y lire. Henri Thomé, très agité, se promena dans la cellule, cherchant à renouer l'entretien.

— Vous avez, Madame, un ami bien dévoué en mon oncle le chanoine; vous l'avez touché au cœur... Une si grande infortune noblement supportée, une si grande beauté qu'une destinée fatale cache dans une prison, tant de larmes qui tombent dans le silence et la solitude, quand il y aurait tant de cœurs qui les voudraient recueillir...

La prisonnière ferma son livre et releva fièrement son front.

— Monsieur, dit-elle avec un peu d'amertume, je n'accorde pas à tout le monde le droit de me plaindre.

Comme elle vit que ces mots blessaient cruellement le jeune médecin, elle chercha à les adoucir.

— Cependant, poursuivit-elle avec un soupir douloureux, l'amitié que nous avons tous les deux pour M. l'abbé Leblanc vous excuse peut-être. Plaignez-moi si vous voulez, je ne m'en fâcherai point.

A cet instant la religieuse rouvrit la porte.

— A demain, Madame, dit Henri Thomé en s'inclinant.

La prisonnière ne répondit pas, elle se contenta de le saluer de l'air du monde le plus froid. Henri Thomé s'en alla pensif. On était aux premiers jours d'avril, le soleil répandait ses plus doux rayons. En passant dans cette triste rue de la Clé, où s'ouvre, ou plutôt où se ferme la prison, il croyait marcher dans un pays enchanté; il ne voyait que le ciel. Si son regard descendait sur les murailles noirâtres de Sainte-Pélagie, c'était pour découvrir quelque touffe de giroflée sauvage que secouait la brise printanière. Il n'entendait que les battements de son cœur et les harmonies de son âme. Si son oreille s'ouvrait ailleurs, c'était pour la chanson égayée de quelque oiseau amoureux poursuivant sa compagne sur les toits moussus de la prison.

En rencontrant son oncle dans l'après-midi, il ne put s'empêcher de lui dire qu'il avait vu une prisonnière qui était la plus belle femme du monde.

— Pourtant, ajouta-t-il, je n'ai vu que ses yeux et ses mains. Mais quels yeux terribles ! mais quelles mains adorables !

— Des yeux et des mains coupables, dit l'oncle avec un soupir. Ne parlons jamais de cette femme.

Une fois seul dans sa chambre, Henri Thomé rechercha dans sa mémoire tout le tableau de son entrevue avec la célèbre prisonnière. Peu à peu, cette figure qu'il avait à peine regardée vint se ranimer, sous ses yeux ravis, avec sa pâleur si touchante, ses traits si purs et si gracieux, son charme si fascinant. Puisque nous sommes à ce portrait, achevons-le d'un seul mot.

Coypel a peint cette prisonnière quand elle brillait dans le monde : selon ce peintre, cette femme était un souvenir fidèle de la courtisane du Titien ; la même ardeur de volupté dans les yeux et sur les lèvres ; point d'élévation, point de souvenirs ou de pressentiments du ciel, toute à ce monde, faite pour aimer, faite pour séduire. Quand Henri Thomé la vit dans sa cellule, ce n'était plus le même portrait; loin du soleil, loin du monde, loin de l'amour, elle avait pâli, ses joues s'étaient fanées sous les larmes et sous les regrets, ses yeux moins ardents s'étaient un peu adoucis. Si elle était moins belle alors pour le regard, elle était plus belle pour le cœur.

— Aimer cette femme, c'est se jeter dans un

abîme, murmura Henri Thomé en laissant tomber ses bras.

Durant le reste du jour, durant la nuit, il essaya de se soustraire au souvenir enchanteur de la prisonnière; mais il était sous le charme, il voyait partout cette pâle figure où la passion avait imprimé des traces attrayantes, ces yeux adorables qui avaient versé tant d'amour et de larmes, qui avaient eu pour lui du dédain et un sourire; cette main si fine et si blanche qu'il sentait encore dans la sienne.

— Pourquoi n'ai-je pas baisé cette main? reprit-il avec exaltation.

III

Le lendemain vers midi, Henri Thomé retourna à la prison. Il était plus agité et plus pâle encore que la veille, quand il entra dans la cellule de la belle prisonnière. Cependant il fut plus maître de lui; dans le désir de pénétrer un peu le secret d'une si grande infortune, il promena sur ce qui l'entourait un regard scrutateur, tout en parlant sans trop de suite des ennuis mortels de la prison quand le ciel d'avril, resplendissant de soleil, convie aux joies de la terre toutes les pauvres créatures humaines. La cellule était quatre à cinq fois grande comme un tombeau; sur les murailles humides rien qui put distraire le regard et le tromper sur l'horizon; sur les dalles rayées rien pour préserver des pieds délicats. Il n'y avait pour tout ameublement qu'un lit étroit et dur, une chaise longue toute dépaillée, une petite table de chêne noir, un métier à tapisserie, une cruche, quelques livres de piété, quelques chiffons, un petit pot ébréché en porcelaine où la prisonnière cultivait des violettes; enfin, pour consoler un peu de cette misère et de ce délaissement, un petit miroir à cadre gothique : c'était l'araignée de Pélisson. Pour éclairer tout cela, il ne venait dans la cellule qu'un peu de lumière affaiblie par le grillage d'une étroite lucarne qui laissait à peine deviner le ciel.

— Vous ne resterez pas ici, dit Henri Thomé indigné du supplice de la prisonnière; vous ne pouvez y vivre un an.

— Il y a onze ans que j'y suis, dit-elle avec une triste et douce résignation.

— Onze ans ! reprit Henri tout pâle et tout chancelant, comme s'il eut reçu un coup dans le cœur.

— Mais qu'importe? reprit la prisonnière, je suis condamnée à y mourir. Hélas ! la mort elle-même me repousse de son sein.

Elle prit comme la veille un livre de prières, un refuge pour sa douleur.

— Ceux qui vous ont condamnée à ce supplice sont des barbares, Madame. Il n'y a qu'une vengeance odieuse...

— De grâce, monsieur, ne parlons pas du passé : je ne dois être pour vous qu'une prisonnière malade ; ne cherchez pas au-delà.

— Vous étiez bien jeune, madame, il y a onze ans.

— J'avais vingt-deux ans.

— Quoi! les beaux jours de la vie auront passé pour vous dans cette horrible solitude! vous aurez vécu loin des joies adorables de la jeunesse! pas un cœur qui soit venu consoler le vôtre·

La prisonnière n'écoutait plus Henri, du moins elle s'efforçait de lire les psaumes de la pénitence. Il respecta son silence et sortit. En passant devant le geôlier, il demanda à cet homme ce qu'on disait sur le compte de la belle prisonnière. Le geôlier répondit qu'on ne connaissait d'elle que son nom de baptême *Marie*; qu'elle était enfermée là et surveillée par un grand homme noir des pieds à la tête; que c'était une pauvre femme très résignée, qui pleurait toujours, mais qui ne se plaignait jamais.

Henri allait s'éloigner sur ces vagues indications, quand le geôlier ajouta :

— J'oubliais de vous dire qu'il est venu plusieurs gentilshommes en carrosse qui m'ont offert chacun plus de cent écus pour la voir un instant. J'ai toujours refusé. Il y eu a un surtout qui était très pressant ; celui-là aurait fait ma fortune si j'avais voulu donner à la prisonnière la clef des champs.

Aussitôt qu'il fut rentré, Henri alla trouver le chanoine, qui lisait son bréviaire dans un coin de la chambre.

— Mon oncle, j'attends de votre amitié quelques mots sur l'histoire de la prisonnière qui s'appelle Marie. Médecin du corps, il faut que je sache ce qui se passe et ce qui s'est passé dans l'âme.

— Mon enfant, je ne dirai qu'à Dieu ce que le confesseur a entendu ici-bas; d'ailleurs, dès que j'ai absous un pécheur, j'oublie ses crimes. Il n'appartient qu'au Très-Haut de les enregistrer dans le grand livre du jugement dernier.

— Ah! mon oncle, vous n'avez pas oublié ce que vous a confié Marie.

— Écoute, mon enfant, ne parlons jamais de cette femme; respectons ses faiblesses ou ses crimes, aujourd'hui qu'elle a versé les larmes de la pénitence.

Comme le chanoine, en disant ces mots, regardait son neveu, il fut surpris de sa pâleur, de son inquiétude, du feu étrange que jetait son regard.

— Qu'ai-je fait, imprudent? se dit l'abbé Leblanc en songeant à la beauté angélique et fatale de la prisonnière; si jamais ce pauvre garçon allait se laisser prendre aussi comme tous ceux qui ont vu cette femme! — Mon ami, reprit-il tout haut, cette femme est un abîme profond et ténébreux que je n'ai jamais regardé qu'en tremblant. Il faut la plaindre en passant, mais ne pas y penser : le crime a égaré plus d'un jeune cœur. Mais j'oubliais de te dire que nous avons là une lettre précieuse qui t'attend.

— Une lettre de ma mère! dit Henri en brisant le cachet.

Il lut avec une ardeur filiale, mais pourtant d'un cœur distrait. Cette lettre exhalait une tendresse maternelle si touchante, un parfum de famille si pur, que, pendant quelques minutes, il rougit de sa folle passion pour une criminelle. Il vit apparaître Marie sous des traits moins doux et moins gracieux, en face de sa pauvre mère qui était un modèle de vertu chrétienne; mais peu à peu le démon reprit son empire dans ce cœur déjà égaré. Le soir, quand il fut seul, il lui sembla qu'il y avait un siècle qu'il n'était allé voir la prisonnière; il fut presque effrayé de cette passion naissante qui avait déjà tant de prise sur lui; il tomba agenouillé, quoiqu'il eût perdu l'habitude de prier; il chercha à rappeler le souvenir de sa mère. — O mon Dieu! ô ma mère! délivrez-moi de cette femme! — mais au même instant : — O mon Dieu! reprit-il avec des larmes, délivrez la pauvre prisonnière!

Loin de lutter encore, il se laissa aller avec une amère volupté à ce funèbre amour qui n'avait pour horizon que les murailles d'une cellule ou plutôt les fantômes d'un crime. Mais l'amour nous aveugle toujours à propos. Henri ne voyait dans la condamnée qu'une belle femme de haute naissance, dans toute la magie de l'infortune et des larmes. D'ailleurs, s'il venait à penser aux crimes de Marie, loin de se révolter contre lui-même, il s'attendrissait encore, il descendait plus avant dans l'abîme. L'amour n'est-il pas un incendie que l'orage même attise?

IV

— En moins de huit jours, Henri Thomé était dominé par la passion la plus violente. Malgré tout son amour, il avait à peine arraché quelques vagues paroles à la prisonnière, qui sans doute ne songeait guère à lui. Mais, un matin qu'il la surprit tout éplorée, la chevelure éparse et les mains jointes, elle lui parla comme à un ami.

La religieuse, ce jour-là, n'était pas entrée dans la cellule en ouvrant la porte au jeune médecin. Pour lui, se trouvant ainsi seul en face de cette femme tout éplorée qu'il aimait jusqu'au délire, il se jeta à genoux, lui prit les mains et lui dit d'une voix émue :

— Ah! madame, si vous saviez comme je vous aime!

En tout autre moment la prisonnière l'eut repoussé peut-être avec dédain; mais alors elle avait le cœur ouvert par une crise de douleur et de désespoir; elle fut touchée de cet aveu si passionné, elle regarda Henri sans dégager ses mains et murmura d'une voix attendrie :

— Vous m'aimez! mais vous ne savez pas qui vous aimez! vous êtes touché de mon malheur; c'est de la pitié, ce n'est pas de l'amour. Dieu en soit loué! Vous me plaignez, mais vous ne m'aimez pas.

— Je ne vous aime pas, s'écria Henri

avec un sanglot; voyez si je ne vous aime pas.

La prisonnière sentit des larmes brûlantes sur ses mains.

— Pauvre enfant! murmura-t-elle en pleurant elle-même. Qui êtes-vous donc? d'où venez-vous? Vous n'avez donc pas rencontré dans le monde où vous êtes une femme plus jeune et plus digne de votre cœur? Vous n'avez donc pas une sœur qui vous défende par sa pureté d'une passion pareille!

— J'ai une sœur, une sœur qui m'aime, reprit Henri d'une voix étouffée ; si elle vous voyait si malheureuse et si belle, loin de condamner mon cœur, elle me dirait de vous aimer.

Marie était devenue pensive. Elle étendit la main sur le Christ de son lit, saisit une clef rouillée et un petit poignard taché de sang; mais, les repoussant tout à coup :

— Non! dit-elle, non!

— Que dites-vous, madame? De grâce ayez confiance en moi.

— Ecoutez, monsieur : puisque vous m'aimez, voulez-vous m'aider à accomplir une grande œuvre?

— Je suis prêt à tout, dit le jeune homme en relevant la tête avec énergie; ordonnez, madame; mon bras est à vous comme mon âme.

— Prenez-y garde, monsieur, ceci est grave et peut vous perdre.

— Me perdre pour vous, n'est-ce pas déjà du bonheur? je vous le dis encore, je suis prêt à tout.

— Eh bien! s'écria Marie en lui pressant la main, je compte sur vous. Voilà ce que vous avez à faire : il faut que je sorte de cette prison, pendant trois ou quatre heures seulement, un jour de cette semaine, un peu avant minuit. Nous monterons dans un fiacre et nous irons rue Mazarine, où j'ai une visite à rendre à quelqu'un.

Henri ne put réprimer un mouvement de jalousie.

— Enfant, reprit-elle, vous ne voyez donc pas dans mes yeux que, si c'est un rendez-vous, ce n'est pas un rendez-vous d'amour?

En effet, toute la colère de la vengeance brillait dans les yeux de la prisonnière.

— Après cette visite, nous reviendrons ici; car je ne veux pas fuir, même avec vous. Il faut que justice se fasse. Eh bien! aurez-vous la force de faire cela?

— Oui, madame, répondit Henri d'une voix ferme. Mais, pour prix de ce périlleux voyage, je vous demanderai au retour un baiser sur vos beaux cheveux.

— Prenez-le d'avance, dit-elle en respirant avec joie.

Henri baisa les cheveux de la prisonnière avec passion et avec délices.

— Est-ce pour ce soir? reprit-il tout radieux.

— Oui, pour ce soir, si vous le pouvez.

— Puisque vous le voulez, je le peux, madame; j'avertirai le geôlier et la supérieure que vous êtes plus malade, que je reviendrai la nuit, que la sœur Marthe vous veillera. La sœur Marthe vous aime comme tout ce qui vous approche; elle n'aura pas la force de vous retenir. Nous partirons ensemble : on ne verra sortir que moi; enfin le ciel nous conduira.

— Allez, je vous attends en priant Dieu.

Henri sortit heureux et fier, plus que jamais égaré par la passion.

V

Vers onze heures du soir, il descendit de fiacre au bout de la rue de la Clé; quoiqu'il plût à verse, il voulut aller à pied jusqu'à la prison. Il trouva la sœur Marthe dans la cellule de Marie, qui n'avait pas encore osé s'ouvrir à elle. Comme il n'y avait pas de temps à perdre, Henri lui confia presqu'en entrant le dessein de Marie.

— J'attends de votre amitié pour elle trois heures de veille et de silence dans la cellule : dans trois heures Marie sera revenue ; nous le jurons tous les deux sur ce crucifix

— Si c'est pour faire une bonne œuvre.... murmura sœur Marthe tout effrayée.

— Oui, oui, une bonne œuvre, dit Marie en s'animant.

— Partez, ma sœur ; je vais prier la sainte mère de Dieu qu'elle veille sur vous.

Henri jeta son manteau sur l'épaule de la prisonnière, qui le suivit à distance dans le corridor. Le geôlier vint pour le conduire à la porte ; Henri lui prit en l'abordant sa lanterne sourde, l'éteignit en la renversant, éblouit cet homme par des paroles sans suite ; tout alla pour le mieux : pendant que le geôlier ramassait sa lanterne avec humeur, la prisonnière eût le temps de passer. Dès que la porte fut refermée, Henri prit Marie dans ses bras et la

porta ainsi jusqu'au fiacre. De la rue de la Clé
à la rue Mazarine le voyage fut très silencieux. Henri n'osait interroger Marie ni la distraire de ses pensées; seulement il avait pris
tendrement sa main dans les siennes, et, de
temps en temps, il la pressait en soupirant. Marie lui savait gré de son silence, elle était touchée de son dévoûment, et, deux ou trois fois
durant le trajet, elle répondit au serrement de
main. Malgré le mauvais temps, la nuit n'était
pas très sombre, on pouvait se voir même dans
le fiacre. Or, cette nuit pour la première fois,
Marie trouva que Henri avait une noble figure;
elle sentit qu'elle était touchée de son amour,
elle ne put s'empêcher de songer qu'il serait
doux à tous les deux, à elle presqu'autant qu'à
lui, de prendre la fuite, d'aller ensemble dans
quelque solitude bénie du ciel, loin de cette
noire prison dont elle sentait sur ses épaules
les froides murailles depuis onze ans, loin du

monde qui l'avait condamnée à tant d'horribles souffrances.

Non, non, se dit-elle; c'est fini, le temps d'aimer est passé pour moi. — Pourtant, reprit-elle, seule avec lui qui m'aime, loin du théâtre de mon crime et de mes malheurs, oubliant le passé comme un triste songe, est-ce que Dieu ne m'accorderait pas encore quelques jours de repos?— Elle reprit en inclinant son front attristé : — Du repos pour moi? oh! non, c'est fini; mon cœur est déjà en enfer. Ce n'est pas de l'amour que je veux, c'est de la vengeance.

Le fiacre venait de s'arrêter devant le plus petit hôtel de la rue Mazarine.

—Vous allez sonner, dit-elle à Henri qui lui donnait la main pour descendre. Vous demanderez La Verrière; le suisse vous prendra pour un ami ; malgré l'heure, il nous laissera passer.

— Et où irons-nous? demanda Henri en sonnant.

— Je sais le chemin, lui répondit Marie avec un profond soupir.

Ils passèrent sans obstacles; ils traversèrent la cour, montèrent un petit escalier et s'arrêtèrent devant une porte dans l'obscurité.

— Vous allez m'attendre, Henri; ce ne sera pas long, j'espère.

Elle glissa sa clef rouillée dans la serrure, ouvrit la porte, la poussa sur elle et s'avança avec précaution vers le cabinet où elle devait rendre sa visite.

— C'est bien, dit-elle en voyant un sillon de lumière sous la porte; j'aime mieux le trouver là : il y est, c'est bien.

Avant d'arriver, elle recueillit ses forces et leva les yeux au ciel.

Elle s'avança plus résolue encore, poussa doucement la porte et entra.

Dans ce cabinet veillait un homme tout desséché par le travail et le chagrin. Il avait plutôt la mine d'un mort que d'un vivant. Une petite lampe répandait sur sa figure osseuse une lumière fauve comme la lumière des éclairs. Il était vêtu d'une grande robe noire en harmonie avec sa personne.

Quand Marie entra dans le cabinet, il avait la figure plus animée que de coutume; il venait d'écrire, il relisait ce qu'il avait écrit avec un plaisir cruel. Ce devait être une mauvaise œuvre; en effet, c'était l'œuvre la plus indigne qui soit sortie de la main des hommes; c'était un testament plein de malédictions. Cet homme qui se sentait mourir voulait laisser après lui toute sa haine, toute sa vengeance, toute sa colère.

Quand il eut fini de relire cet étrange testament, il y eut sur sa face ridée un farouche épanouissement de joie et de cruauté : on eût dit qu'il venait d'enfoncer un poignard dans le sein de son ennemi.

A cet instant, croyant entendre du bruit, il leva les yeux, et vit Marie pâle et sombre, la gorge agitée par les battements du cœur, l'œil étincelant de colère.

— Vous, madame! s'écria-t-il avec un tremblement subit.

— Oui, dit-elle en avançant d'un pas; oui, moi!

Cet homme eut peur; il ouvrit la bouche pour appeler du secours.

— N'appelez pas, reprit Marie en saisissant un poignard à son corsage.

Il leva la main comme pour se défendre; la rage et la frayeur eurent tant de prises sur lui, qu'il tomba évanoui dans son fauteuil, en se débattant et en voulant crier.

Marie s'approcha un peu plus de lui; elle le regarda avec dégoût et avec pitié.

— Le tuer, dit-elle, c'est une lâcheté; n'est-il pas à moitié mort?

Elle laissa tomber le poignard à ses pieds.

— O mon Dieu! je vous remercie, dit-elle, je vous remercie, car vous avez désarmé mon bras.

Elle se pencha au-dessus de la table pour jeter un coup-d'œil sur ce que cet homme venait d'écrire.

— Son testament! dit-elle avec une curiosité inquiète.

Elle passa rapidement sur les premières pages depuis longtemps écrites, elle lut avec empressement les dernières lignes :

« Je lègue en outre à mes enfants toute ma
« vengeance et toutes mes malédictions contre
« leur mère. Au nom de Dieu et de la justice
« humaine, j'entends et je veux qu'ils la cou-
« vrent d'ignominie jusqu'après sa mort. Au

« nom du Père, du fils, du Saint-Esprit. Ainsi
« soit-il. »

— Voilà donc ce qu'il écrivait! dit-elle en respirant à peine; ainsi la vengeaunce sera sa dernière pensée; quand il sera mort, son ombre inquiète viendra veiller à la porte de ma prison.

Elle prit le testament, le déchira et le jeta avec mépris à la face du procureur.

Elle s'éloigna aussitôt et retourna vers Henri.

— Partons, dit-elle en refermant la porte, ma visite est faite.

Ils retournèrent à la prison. Ils trouvèrent dans la cellule la sœur Marthe, qui s'était endormie.

— Adieu, murmura Henri avant que la religieuse fût réveillée, n'oubliez pas qu'outre le bonheur que j'ai eu à vous accompagner, je dois obtenir un baiser sur votre front.

— Henri, mon front est à cette heure indigne de vos lèvres; revenez demain, mais cette nuit priez Dieu qu'il vous fasse la grâce de m'oublier.

Elle le rappela par un signe, et cueillit les pâles violettes qu'elle cultivait avec tant de sollicitude.

— Tenez, Henri, prenez ces violettes, c'est tout ce que j'ai de bon à donner, elles valent mieux que mon cœur; prenez-les et ne demandez rien de plus, croyez-m'en.

VI

Le passage suivant, qui est un vrai chapitre de cette histoire, est pris dans les *Lettres galantes*. (Amsterdam 1685.)

février.

« Vous savez, madame, toute l'histoire de ce procureur au parlement qui s'est si outrageusement vengé de sa femme. Cette histoire n'est pas finie encore. Tout Paris parle d'une scène nocturne qui vient de se passer dans le cabinet du procureur. En vérité, cela me fait presque croire aux événements surnaturels, moi qui suis loin d'être un esprit fort. Figurez-vous donc que notre homme, qui était en train de mourir depuis nombre d'années, était seul à onze heures et demie du soir, tout préoccupé de son testament. Tout le monde dormait dans sa maison, mais lui ne dort jamais, il attend qu'il soit mort pour cela. Il mourra sans regrets des plaisirs d'ici-bas, car le pauvre homme a marché dans un chemin semé de pierres; seulement il craint qu'on ne pardonne à sa femme aussitôt qu'il ne sera plus là; voilà sa désolation. C'est pourquoi il fait testament sur testament, où il lègue entre autres belles et bonnes choses sa vengeance à sa famille, à ses amis et à ses enfants. Or donc, l'autre soir, il était comme de coutume à bien réviser toutes les phrases de son testament et de son codicille; il venait d'ajouter une recommandation en bonne forme à ses enfants, à fin de bien maudire leur mère; tout d'un coup il entend un bruit sourd, comme un bruit de revenant; il lève les yeux : que voit-il devant lui? sa femme, la belle Marie de Joysel, qui languit depuis une douzaine d'années aux Madelonnettes et à Sainte-Pelagie. S'il fut effrayé de cette étrange apparition, vous devez bien le croire. Il veut crier, mais sa femme saisit un poignard dans son sein, s'élance vers lui comme une furie vengeresse... Rassurez-vous, tout se borna à l'apparition. Notre pauvre procureur tomba mort de peur. Quand il reprit ses sens, une demi heure après, il se retrouva seul; il crut qu'un éblouissement l'avait abusé; mais ce qu'il y a de plus étrange, c'est qu'il trouva à ses pieds le poignard de sa femme et son testament déchiré. Il éveilla tout son monde, il mit toute la maison en rumeur; on chercha partout, on s'assura que les portes fermaient bien, on ne découvrit âme qui vive. Dès qu'il fit jour, malgré sa faiblesse, il se fit conduire en chaise à Sainte-Pélagie pour avoir des nouvelles de sa femme; on lui dit que Marie de Joysel était malade et qu'elle avait passé une assez mauvaise nuit. Il n'ajouta pas pleine confiance au rapport de la supérieure, il voulut voir la prisonnière. La sœur Marthe le mena à la cellule de Marie; dès qu'il l'entrevit sur son lit de douleur, il lui cria d'une voix sourde: « Je n'ai pas peur de vous, madame. » Sans doute égaré par la colère, il ne savait plus ce qu'il disait. Il rentra chez lui plus d'à moitié mort; cette fois on dit qu'il n'en reviendra pas. L'apparition de sa femme lui a porté le coup mortel. Je connais bien des maris qui auraient besoin d'une pareille apparition. Maintenant que faut-il penser de tout cela, de ce poignard tombé et de ce testament déchiré?

« Dans une autre lettre, j'espère vous dire la suite de cette lugubre histoire. »

Avril.

« A propos, j'oubliais de vous reparler du procureur Pierre Gars de la Verrière. Il est mort il y a quelque temps déjà, mort des suites de la célèbre apparition. Aussi a-t-il déclaré qu'il succombait assassiné par sa femme. Il a fait venir ses enfants à son lit de mort, et, par devant le notaire et ses témoins, en face de l'appareil solennel de l'extrême-onction, que lui administrait le curé de sa paroisse, assisté de sa légion d'enfants de chœur, il a voulu que ses pauvres petites filles (la plus vieille a douze ans) lui fissent le serment de vivre avec sa haine contre leur mère. Les malheureux enfants pleuraient sans trop savoir pourquoi. Le tabellion ès-mains duquel il venait de déposer son testament lui représentait en vain que l'esprit de la loi était outrepassé, le curé en appelait aux préceptes de l'Évangile; mais le procureur tenait bon. Enfin, il est parvenu à faire jurer à ses enfants qu'ils veilleraient à ce que la prison de la pauvre Marie de Joysel fût toujours fermée à triples verroux. Après cet horrible serment, il a embrassé les pauvres petites, il a demandé le crucifix du curé, il a fait le signe de la croix tout en maudissant encore, enfin il a laissé tomber son front et il a rendu le dernier soupir. Que Dieu ne l'ait pas en sa sainte et bonne garde. Cette mort impie a scandalisé la ville, la Cour et l'Église. On dit que la veuve du sieur Gars de la Verrière, prépare une requête à messieurs du parlement, pour obtenir sa mise en en liberté. Mais il y aura du pour et du contre. Osera-t-on mettre de côté la dernière volonté d'un procureur? »

VII

Marie de Joysel en effet avait, aussitôt après la mort du procureur Pierre Gars de la Verrière, rédigé une touchante requête dont la justice était saisie.

Henri Thomé venait chaque jour passer une heure dans sa cellule, toujours compatissant, toujours passionné. Sans lui avouer toute son histoire, elle lui avait confié sous d'autres noms qu'elle était condamnée pour adultère, que son mari venait de mourir, qu'elle attendait sa mise en liberté; elle lui avait même parlé de la requête. Loin d'encourager son amour, elle cherchait à l'éteindre, elle ne lui accordait pas l'ombre d'une espérance, elle se disait morte aux passions humaines; elle ne demandait sa liberté que pour s'emprisonner encore, mais du moins dans un plus digne refuge; elle voulait consacrer à Dieu seul ce qui lui restait de sa misérable vie.

Mais l'amour est ingénieux à créer des espérances jusque dans le désert. Henri Thomé ne voulait pas se résigner au désespoir; il aimait Marie, c'était son bonheur, il attendait patiemment qu'elle eût le cœur touché à son tour.

La pauvre prisonnière n'était pas insensible à l'amour du jeune médecin; d'abord ç'avait été un ami dévoué, ensuite un frère compatissant, enfin elle ne pouvait se dissimuler que c'était un amant des plus tendres et des plus aimables. Il avait sur le front l'auréole de la jeunesse : elle prenait un secret plaisir à revoir cette douce et noble figure qu'elle avait animée et attristée, à entendre cette voix toujours tremblante, qui la consolait tout en lui parlant d'amour. Elle ne s'avouait pas encore qu'elle aimait Henri; mais elle éprouvait un serrement de cœur à la pensée que peut-être elle allait quitter Sainte-Pélagie pour aller dans un lieu où il ne la suivrait pas.

La justice rendit un arrêt qui maintenait la prison perpétuelle pour la veuve du procureur.

Henri la trouva un jour plus agitée que de coutume.

— Qu'avez-vous donc? Madame.

— Ils ont repoussé ma requête, répondit-elle avec une morne résignation ; il faut que je meure ici, dans l'opprobre de la prison.

Henri pencha tristement la tête. Après un long silence, il tendit sa main à Marie.

— Écoutez, madame; Dieu vient de m'inspirer la pensée d'une bonne œuvre, je puis vous sauver de la prison, si vous le voulez.

— Comment voulez-vous faire? L'amitié vous abuse.

— Je n'ose vous le dire, il y aurait pour vous un si grand sacrifice !

— Ah! dit-elle en joignant les mains, Dieu m'est témoin que je cherche ardemment un sacrifice à consommer.

— Eh bien ! madame, moi, je vais à mon tour adresser une requête au tribunal, fondée sur la loi et la charité chrétienne, que les juges ne pourront repousser ; par cette requête je demanderai la grâce de vous épouser.

— M'épouser! s'écria Marie en se jetant dans les bras du jeune homme ; m'épouser ! enfant, à quoi pensez-vous? jamais je ne consentirai à tant de dévouement.

— Vous allez me réduire au désespoir. Prenez pitié de mon amour comme je prends pitié de votre malheur. Oui, vous épouser! quoi de plus simple : vous êtes veuve, je vous aime.

— Henri, de grâce n'y pensez plus. Vous ne savez pas qui vous voulez épouser; je suis Marie de Joysel, veuve de Pierre Gars de la Verrière.

— Je le sais, dit Henri avec trouble; mais pourquoi songer au passé? soyez pour moi la pauvre Marie, que j'ai connue ici, que j'ai aimée, que j'adore de toute mon âme; Croyez-moi, le mariage vous a perdue, le mariage vous sauvera. Vous rentrerez dans le monde le front levé, car j'y serai près de vous avec tout mon amour.

— Encore une fois, Henri, vous ne savez qui je suis.

La prisonnière souleva l'oreiller de son lit, et tira une liasse de papiers.

— Tenez, vous lirez ces mémoires aujourd'hui, vous reviendrez me les remettre demain, et, si vous persistez à vouloir m'épouser, vous serez maître de moi.

— A demain donc, dit Henri.

A peine de retour dans sa chambre, il se mit à lire avec une ardeur inexprimable la confession de Marie de Joysel; comme il était aux premières lignes, son oncle entra pour lui parler de sa mère.

— Mon oncle, dit-il tout à coup, je compte sur votre cœur et sur votre appui pour l'action que je vais accomplir.

— Que vas-tu donc faire? mon enfant.

— Je vais épouser Marie de Joysel.

— Mon pauvre enfant! quelle lamentable folie! tu es donc au fond de l'abîme?

— Oui, mon oncle, j'y suis avec elle, avec

mon amour; je remonterai avec elle. Vous avez le cœur assez noble pour me comprendre et pour me pardonner.

— Je fais plus, dit le chanoine en embrassant Henri : je vous bénis tous les deux.

Henri, plus touché que jamais, reprit la lecture du triste manuscrit.

MÉMOIRES

DE

MARIE DE JOYSEL.

Sainte-Pélagie, 1680

« Dans la douleur et l'ennui de la prison, je veux me condamner à écrire les erreurs de ma mauvaise vie. C'est une confession que je me fais à moi-même, aujourd'hui que je sais me recueillir dans la pensée de mon salut. En repassant dans tous ces chemins, qui m'ont si follement et si doucement égarée, je trouverai plus de force pour mon repentir. Peut-être n'ai-je aucune bonne raison pour écrire ainsi ma vie, peut-être n'est-ce que pour me délivrer un peu de mes souvenirs dont j'ai toujours le cœur tourmenté.

« Je suis née en Bourgogne en l'année 1651. Mon père, Pierre de Joysel, était lieutenant de la louveterie. Mon grand-père s'est rendu célèbre dans la magistrature; il a été conseiller du roi Henri IV, qui a reconnu ses services en lui accordant le petit vicomté de Joysel, qui a passé dans les mains de mon grand-oncle. Mon père mourut jeune sans laisser un grand héritage. Il avait eu de son mariage avec Charlotte Lesueur de Beaupréau deux garçons et une fille; la fille, c'est moi. Des deux garçons il n'en est resté qu'un, l'autre est mort dans les ordres. Celui qui a survécu a dissipé, grâce à la faiblesse de ma mère, le peu de fortune venant de la succession de mon père. Il n'a pourtant point tout à fait tourné à mal, il a même obtenu de l'amitié et de la faveur de M. de la Roche-Aimon un petit régiment en Gascogne, où il s'est marié. Ma mère ne survécut que peu d'années à mon père; elle succomba peut-être au chagrin que lui a causé ce fils rebelle et dissipé.

« J'avais onze ans quand ce malheur m'arriva. Je fus recueillie par une sœur de ma mère mariée au vicomte de Montreuil. C'était une femme à la mode, assez jolie encore, ne manquant ni de grâce ni d'esprit. Elle avait fait parler d'elle en son beau temps. Mais l'âge aidant, elle commençait à s'effacer un peu du monde.

« Je passai toute une saison avec elle à son petit château de Montreuil. Le vicomte était en campagne, sous les ordres de M. de Turenne. Comme ma tante n'avait pas d'elle-même une grande fortune, elle ne put songer à me faire un sort brillant. La famille décida bientôt que je serais mise au couvent. J'étais résignée à tout : j'avais vu tant de fois pleurer ma mère que je ne craignais pas les larmes.

« Dès que l'hiver fut venu, je fus conduite à l'abbaye de Sainte-Salaberge, dont la supérieure était madame Louise de Cossé. J'avais entrevu le monde chez ma tante; le monde, ses inquiétudes, ses fêtes, ses tourments, ses plaisirs; dès que je fus dans la solitude du cloître, le monde reparut à mes yeux avec plus de charmes encore : je sentis tomber sur mes épaules le froid glacial de la mort, et, ma jeune âme, loin de s'élever au ciel avec la prière et avec l'encens, retournait sans cesse dans le salon du château de Montreuil.

« L'abbaye était peuplée d'écolières de haute famille, qui venaient attendre là avec impatience, non pas le moment de prendre le voile, mais le jour du mariage. Il y en avait à peine trois ou quatre destinées comme moi à la vie claustrale. L'exemple n'était donc pas favorable; j'entendais sans cesse ces belles étourdies se confier leurs projets brillants. L'une devait épouser son cousin qui avait une charge à la Cour ; l'autre était plus heureuse encore, car elle parlait du mariage sans parler du mari; celle-ci espérait devenir dame d'atours de la reine; celle-là, plus recueillie, confiait tout bas qu'elle passerait sa vie au fond d'un beau château, loin des ennuis de la cour, comme une vraie châtelaine du bon temps. Moi je m'éloignais triste et rêveuse de toutes ces jeunes folles que le bonheur semblait attendre. Quel projet pouvais-je faire, moi? je n'avais jamais devant les yeux qu'une cellule déserte où je devais enfermer mon cœur, mon amour, mes songes.

« J'étais la plus belle du couvent. Mes compagnes n'étaient guère jalouses de moi, car on me savait pauvre. On se disait en se moquant, et avec pitié : C'est bien la peine d'être si belle!

« Un peu avant le temps marqué pour prendre le voile, ma tante, devenue veuve, vint me chercher pour se distraire un peu. Comme elle vint dans son beau carrosse, j'eus une secousse de vanité; mes compagnes en me disant adieu, admiraient avec envie l'équipage qui allait m'emmener. — Oui, mais, dit l'une d'elles (mademoiselle de Sombreuil), nous la verrons revenir bientôt dans un autre équipage, sur un âne ou dans un chariot.

« Je partis avec ce mot dans le cœur. Revenir! me disais-je ; qui sait si je reviendrai?

« Les premières semaines de son veuvage, je ne trouvai pas chez ma tante une compagnie bien agréable; cependant je me sentais vivre mille fois plus qu'au couvent : je respirais avec liberté; je courais dans le parc comme une folle, sans savoir pourquoi ; je me cueillais des bouquets, je me tressais des couronnes, enfin je vivais à ma fantaisie. Je prenais un grand plaisir à voir le ciel, les arbres, les prés, les fontaines, et, le dirai-je? à me voir moi-même.

Chaque fois que je passais dans le salon, chaque fois que j'étais à la cheminée, je me regardais sans y penser, et, pour me regarder plus longtemps, j'arrangeais mes cheveux et même je les dérangeais pour avoir le loisir de les arranger encore.

« Ma tante finit par me surprendre à ce jeu. « Voilà, dit-elle, une fille qui oubliera souvent d'égrainer son rosaire. Ma pauvre enfant, j'ai bien peur que les habits du couvent ne te soient trop lourds; en vérité, mais ce serait un meurtre de couper ces cheveux-là. » Disant cela, ma tante avait défait mon peigne; elle se mit à éparpiller ma longue chevelure avec tout l'amour d'une mère. « Ah! reprit-elle, qu'un voile de mariée irait bien à cette chevelure si noire! »

« Ma tante ne reparla plus guère du couvent; moi je m'en éloignais de plus en plus par la pensée; je m'habituais avec délices à la folle liberté que je prenais avec tant d'insouciance : je me laissais même aller de temps en temps aux idées souriantes du mariage; j'avoue que le mari ne m'apparaissait qu'en accessoire; le premier mari venu devait me séduire, non pas par lui-même, mais par la liberté qu'il me donnerait. Voilà dans quelles maudites et fatales idées j'étais, quand M. Gars de la Verrière, procureur au siége de Meulan, vint passer quelques jours au château de ma tante. Outre qu'il avait été en amitié avec mon oncle, il avait avec sa veuve certaine affaire à débrouiller. Il me parut fort laid. « Mon Dieu, me disais-je, comme on s'ennuierait de tout son cœur avec un mari comme celui-là. » M.

Gars de la Verrière n'était pas galant et n'avait guère d'esprit; il s'habillait mal et ne riait jamais; en un mot, c'était la perle des maris. Or, tout en débrouillant ses affaires avec ma tante, qui n'entendait rien, Dieu merci, à son grimoire, il daigna me trouver à son goût : il poussa la générosité jusqu'à me demander en mariage. « Me marier avec un tel homme! jamais ! » m'écriai-je avec l'accent du cœur. Mais le cœur ne devait pas être écouté; après bien des réflexions, j'en revins à mon idée fixe : le mariage. Monsieur le procureur n'était peut-être pas aussi noir qu'il en avait l'air; ma tante parlait beaucoup de sa fortune, de son carrosse, de sa campagne. Je me laissai tenter, je dis oui; cependant, le jour du mariage, j'avais presque envie de repartir pour le couvent.

« Nous fîmes très bon ménage durant trois mortelles semaines ; mais, m'ayant emmenée à Paris, où il attendait je ne sais quel siége de procureur, il m'emprisonna dans sa jalousie comme dans une chaîne de fer. Nous habitions un petit hôtel bien sombre de la rue Mazarine; il me condamnait à rester clouée devant la cheminée de ma chambre. Je me souviens qu'un jour il se mit fort en colère parce que j'avais ouvert la fenêtre. « Que regardez-vous là ? madame. — Je regarde le temps qu'il fait. — Vous regardez les passants, madame. » Il ferma la fenêtre avec un courroux grotesque.

« Mon cœur ne voulut pas se résigner à cette façon de vivre; cependant trois années se passèrent ainsi : j'eus deux enfants pour consolation; mais, malgré ces enfants, mon cœur chercha à se venger. Il n'attendit pas longtemps pour cela.

« Monsieur le procureur avait un sien cousin au régiment des dragons de Champagne, M. Philippe de Montbrun, qui vint un jour nous voir sans être attendu, au grand dépit du jaloux. C'était un joli garçon, de belle humeur, portant bien sa tête et son épée. Il ne fut pas longtemps à faire ma conquête. J'ose le redire à peine, pendant la première heure nos regards se rencontrèrent soixante fois; la seconde heure, ce furent nos mains; enfin, le soir même, il m'enlevait. Hélas! depuis qu'on enlève des femmes, jamais on n'avait vu femme de si bonne volonté.

« Nous ne parvînmes pas à trouver un carrosse, il nous fallut nous décider à nous enfuir avec un cheval de selle. Je n'avais jamais monté à cheval : aussi je me cramponnais à Montbrun avec délices. Il voulait me conduire à Corbeil chez un de ses amis nouvellement marié; mais, à peine à huit lieues de Paris, nous fûmes surpris par un orage effroyable. Nous allâmes au premier gîte venu, c'est-à-dire au petit château de Bièvre. Notre entrée fut des plus comiques. Le maître du château vint à notre rencontre, croyant avoir d'anciens amis à accueillir. Ne nous reconnaissant pas, et peu édifié sans doute à la vue de gens en route, dans un pareil équipage, tout ruisselants, les cheveux en désordre, il allait nous fermer galamment sa porte quand Montbrun lui dit avec feu : — Ne vous offensez pas, monsieur, si, par la faute de l'orage, nous prenons votre château pour une auberge, à l'encontre de don Quichotte, qui prenait les auberges pour des châteaux. — Le châtelain, voyant par ces paroles qu'il avait affaire à des gens d'esprit, devint plus hospitalier.

« Nous soupâmes avec lui ; comme la jeunesse est très confiante, nous lui contâmes notre aventure. Nous rîmes beaucoup de la mine que devait faire monsieur le procureur.

« Ce jour, dois-je le dire? fut le plus beau jour de ma vie ; à présent que je maudis mes

fautes, je ne puis pas maudire ce beau jour!
Ah! qu'ils étaient doux ces baisers pris, durant tout le voyage, en dépit de la pluie et du vent. Il y a certaines nuits d'agitation où, sur ce lit de douleur, je crois encore sentir le galop du cheval, le bras de Montbrun qui me retenait avec tant d'amour, son cœur qui battait sous ma main !

« Notre hôte devint si charmant, que nous restâmes trois jours au château, dans toutes les folies du cœur. Ce qui m'étonne aujourd'hui, c'est que je me laissais entraîner si vite à l'abîme, sans regret et sans remords. Je l'ai dit, c'était la folie de l'amour ; j'étais fascinée et éblouie. Montbrun était si beau, si galant, si amoureux ! S'il est pardonnable de se damner avec quelqu'un qui en vaille la peine, je serai pardonnée.

« Le quatrième jour, nous partîmes pour Corbeil, nous fûmes très bien accueillis chez les jeunes mariés. Le sacrement du mariage nous manquait, mais l'ami de Montbrun n'y regardait pas de trop près. Il nous installa de son mieux dans sa petite maison, tout en avisant au moyen de nous préparer un refuge assuré pour l'avenir.

« Devenus un peu plus raisonnables, nous commencions à goûter en paix les douceurs de notre amour, quand nous fûmes découverts et surpris par monsieur le procureur. Nous voulûmes fuir encore, mais il mit à nos trousses une demi-douzaine d'archers qui nous atteignirent sur la route de Melun. Montbrun eut beau nous défendre de son épée, il fallut céder à la force.

« Nous retournâmes donc à Paris, séparés l'un de l'autre. Ce n'était plus le même enlèvement! Pour moi, je fus conduite tout droit aux Madelonnettes. Je passai un mois entier sans entendre parler ni de mon mari, ni de mon amant. Heureusement il y avait alors aux Madelonnettes quelques pénitentes de bonne famille, qui n'avaient pas perdu l'habitude de rire; la maison n'était pas très sévère; on laissait passablement de liberté aux recluses; le matin et le soir, les plus favorisées se promenaient dans le jardin. Moi, j'avais obtenu la faveur de la promenade, malgré les recommandations du procureur. Dans le jardin nous nous amusions comme des enfants et comme des rosières, courant après les papillons, nous jetant des roses. C'était à qui ferait plus de folies. On allait jusqu'à se raconter son histoire. Loin de cacher quelque chose, on allait au-delà de ce qui était arrivé. J'ai ouï dire là les plus beaux mensonges amoureux. Ainsi donc, au lieu de faire pénitence, on s'encourageait à persévérer dans le mal, on se moquait de son mari, qu'on appelait un tyran; on portait son amant dans son cœur.

« Au bout de six semaines, je fus avertie que le procureur devait venir au parloir pour m'accorder ma grâce si je lui montrais un vrai repentir. Il vint, je le reçus fort mal, je le trouvais plus laid que jamais. Dès qu'il parla de raccommodement, au lieu d'écouter ses conditions, je lui dictai les miennes, à savoir : que je voulais vivre en toute liberté ; que j'irais à la comédie, à la promenade, à l'église ; qu'enfin j'ouvrirais ma fenêtre pour regarder le temps qu'il ferait, chaque fois qu'il m'en prendrait la fantaisie. Jusque-là le procureur était un homme, de la pire espèce, il est vrai ; mais, quand j'eus parlé, ce ne fut plus qu'un procureur vomissant un réquisitoire forcené :
— Eh bien ! s'écria-t-il avec rage, vous resterez ici deux ans; après quoi, si je ne daigne pas vous faire grâce, vous serez fustigée, rasée, authentiquée ; vous prendrez la robe noire des pénitentes, et puis, avec cela, vous irez à

la comédie, si vous voulez, ou plutôt la comédie se passera pour vous entre quatre murs, quand les verroux seront bien tirés.

« Là-dessus le procureur partit et ne revint pas.

« Le lendemain cependant, je crus le revoir encore; on m'appela au parloir; je trouvai son secrétaire, qui me remit une lettre en silence; je voulais à peine la prendre. « Prenez, prenez, madame, me dit-il avec un air compatissant et dévoué, prenez, vous n'aurez pas lieu de vous en repentir. » Je pris la lettre, et je l'ouvris. Quelle ne fut pas ma surprise et ma joie, quand je reconnus l'écriture de mon cher Montbrun! Je rougis, je pâlis, je m'enfuis à ma cellule pour la lire dans le mystère et dans le silence.

« Mon cher amour, me disait-il, je sais enfin où tu es. Mon cœur te cherchait partout.

Sans ce brave garçon qui te remettra cette lettre, je chercherais encore. Quoi! ton mari a eu l'indignité de te jeter aux Madelonnettes, comme une femme perdue. Voilà bien de la justice de procureur. Mais, si Dieu t'a affligée d'un homme pour te persécuter, il t'a donné un homme pour te défendre. Je suis parvenu à m'esquiver aux portes de Paris, dans le seul espoir de te retrouver. Voilà ce que j'ai résolu : encore un enlèvement! Tu sais comme cela est doux : enlever sa maîtresse ou se laisser enlever par son amant, c'est aller au paradis de l'amour. Mais nous parlerons d'amour plus tard, bientôt, cette nuit, car cette nuit nous serons réunis. Aie du courage, aie de la volonté; trouve-toi seule, à onze heures, au bout du jardin. Il n'y aura qu'un mur pour nous séparer; mais, avec des échelles de cordes, un domestique dévoué, nous serons bientôt l'un à l'autre. Cette fois, nous partirons dans un bon carrosse, nous prendrons une autre route : enfin, que le ciel nous conduise !

« Philippe de Montbrun. »

« Tout alla à merveille. J'avertis que j'étais malade; le soir, je me cachai dans une tonnelle du jardin, je fus sourde à l'appel, j'attendis avec ardeur. Montbrun vint avec ses échelles et avec son carrosse. A minuit nous étions déjà loin. Cette fois nous débarquâmes à Compiègne sous des noms d'emprunt.

« Nous y vécûmes deux mois très obscurément, mais très heureux. Malgré tout notre amour, cependant, nous finîmes par nous fatiguer, lui surtout, de cette façon de vivre. L'hiver venu, la forêt, que nous aimions tant, devint inabordable.

« A la fin de décembre, Montbrun me laissa seule pour répondre de vive voix à une lettre de M. de Penthièvre. J'espérais le revoir au bout de quatre jours, mais il fut trois mortelles semaines sans revenir. A son retour, loin d'être des plus aimable, il me parut plus fatigué. Je ne fus pas longtemps sans m'apercevoir que son cœur était ailleurs. Il repartit bientôt; il ne revint pas. Il acheva de briser mon cœur en m'envoyant de l'argent sans y joindre une lettre, pas même un billet. Je compris tout mon malheur.

« Je retournai à Paris au milieu de l'hiver; après bien des recherches, je parvins à découvrir son refuge. Hélas ! j'étais punie par où j'avais péché, Montbrun avait une autre maîtresse.

« Celle-là, qui se connaissait en hommes, le tenait sous clef, toujours à la chaîne. Mon désespoir fut si grand, que je résolus d'aller mourir à leurs pieds. Qu'avais-je en effet de mieux à faire? J'achetai donc un poignard, je pris l'habit d'une marchande de modes, je me présentai un matin au logis de la dame en question, bien sûre que je trouverais le volage auprès d'elle. Après une grande heure d'attente dans l'antichambre on daigna m'accorder une audience; comme je savais la dame très coquette, j'avais fait dire que j'avais à lui vendre des points de Flandre de la plus nouvelle fabrique.

« J'entrai dans la chambre à coucher. Je vis du premier regard trembler les grands rideaux du lit. Ah! comme je tremblais moi-même! La maîtresse du lieu m'attendait devant la cheminée, dans un demi-déshabillé. Elle était belle aussi: une beauté blonde, un peu fade, mais pleine d'attraits. J'ouvris sous ses yeux, tout en la regardant à la dérobée, mon carton à dentelles: elle y jeta une main avide, elle retourna tout avec un peu de dédain; elle finit par trouver un point qui lui donna envie, elle le mit sur son épaule demi-nue et se mira en faisant des mines. Moi je n'y tenais plus; j'allai d'un seul bond dans la ruelle du lit, je jetai sur le perfide un regard foudroyant. Il devint tout pâle! — C'est vous? dit-il avec inquiétude. — Oui, c'est moi! m'écriai-je en saisissant mon poignard.

« La maîtresse du lieu vint vers moi en poussant un cri aigu. — N'avancez pas, lui dis-je en la menaçant. — Comme c'était une petite maîtresse, elle s'évanouit.

« Montbrun, touché de la voir tomber au pied du lit, se précipita vers elle tout en m'insultant de la voix et du regard. Moi déjà tout égarée, je me laissai aller à la colère et à la vengeance; j'agitai mon poignard : — Cruel! dis-je en me jetant sur Montbrun. — Hélas! je l'atteignis au cœur, ce cœur qui m'avait tant aimée!

« A peine eus-je frappé que je me sentis chanceler, mes yeux se troublèrent, je tombai agenouillée devant le lit, en couvrant de baisers la main de mon pauvre amant. — Je suis perdu, dit-il sans colère et sans retirer sa main.

« A cet instant une femme de chambre, attirée par le cri de sa maîtresse, entra tout effarée. Montbrun eut encore assez de présence d'esprit pour vouloir me sauver. — Ce n'est rien, dit-il à cette fille; revenez dans un quart-d'heure.— Oui, dans un quart d'heure, dis-je, tout sera fini. — Je ramassai le poignard; mais j'étais sans force et sans courage, ma main retomba sans m'avoir frappée. — De grâce, me dit Montbrun se ranimant un peu, allez-vous-en, ma pauvre Marie, je crois bien que le coup n'est pas mortel. Partez, je vais moi-même me faire transporter rue Hautefeuille; vous y viendrez.

« Le croira-t-on? j'eus la lâcheté d'abandonner Montbrun au lit de la mort, moi qui l'avais tué!

« Je sortis sans obstacle. Il mourut sans doute une heure après, à côté d'une autre dont je suis encore jalouse. J'allai l'attendre jusqu'au milieu de la nuit dans la rue Hautefeuille ; j'y retournai le lendemain ; enfin j'appris sa mort. Sa maîtresse ne fut pas accusée ; il avait eu le temps de s'accuser lui-même dans un testament. J'appris tout cela par les crieurs de nouvelles. Le nom de Montbrun ne fut pas prononcé ; mais, hélas ! c'était bien lui ! J'eus encore la lâcheté de ne pas m'accuser. Je portai mon crime dans le silence, je vécus seule avec ma douleur. J'habitai la rue Hautefeuille, comme si le pauvre Montbrun devait y revenir. Je passai la fin de l'hiver le plus tristement du monde, dans les larmes les plus amères. Hélas ! me le redirai-je à moi-même ? la belle saison revenue, l'ombre de Montbrun s'éloigna peu à peu de mon âme, je me sentis rajeunir. J'avais retrouvé une compagne du couvent, qui n'avait guère mieux tourné que moi; j'allai la voir de plus en plus souvent; elle avait une petite cour de cadets de famille très bons vivants, qui ne donnaient pas de prise à la tristesse. Ils finirent par m'égayer un peu. Ne pouvant en aimer aucun, je les aimai tous ensemble. Je devins pire que je n'étais. Jusque-là j'avais eu la foi de l'amour, j'avais aimé avec religion, mais ce ne fut plus chez moi qu'une profanation de l'amour : je devins coquette, je pris plaisir au madrigal, je me fis de plus belle en plus belle; enfin, je m'étourdis follement, je perdis la tête : pour le cœur, il n'en fut guère question. Du matin au soir, et souvent du soir au matin, je m'abandonnai indignement à tous les jeux de l'amour, tournant à tous les vents, écoutant toutes les bouches trompeuses, prenant à peine le temps de songer au passé et à l'avenir, à Montbrun et à Dieu. J'oubliai jusqu'à mes enfants.

« Mais ici la plume devient rebelle. A quoi bon, en effet, retracer cette page, la plus triste de ma vie? Que dirai-je de plus, si ce n'est que je passai toute une année dans les égarements des mauvaises passions?

« Quoique j'eusse changé de nom, M. le procureur finit par me découvrir encore. Cette fois il obtint un affreux jugement contre moi : la prison perpétuelle. Ce ne fut plus aux Madelonnettes qu'il me fit conduire, mais à Sainte-Pélagie où il n'y a plus ni jardin, ni promenades, ni compagnes, ni amant qui veille sur moi; Sainte-Pélagie, la tombe entr'ouverte!

« Ah! du moins, il me reste un souvenir qui me console, le souvenir de Montbrun, le seul que jaie aimé. Pauvre enfant! j'ai toujours gardé sur mon cœur le poignard taché de son sang. Ah! ce poignard a encore quelqu'un à frapper! »

A la suite de ces mémoires, Marie de Joysel avait transcrit les deux arrêts obtenus contre elle par le procureur.

La sentence de condamnation, du 14 septembre 1672, porte que « Marie de Joysel sera mise dans un couvent au choix de son mari, pour y demeurer pendant deux ans en habit séculier, pendant lesquels il pourra la voir et même la reprendre; et, au cas qu'il ne la prenne pas après les deux années, y être rasée et voilée pour le reste de ses jours, et y vivre comme les autres religieuses. » Cette sentence a été confirmée par un arrêt rendu le 9 mars 1673, au rapport de M. Hervé : cet arrêt a été exécuté.

L'arrêt du 9 mars condamne Marie de Joysel, pour crime d'adultère, à être mise dans un couvent, « où elle sera rasée et authentiquée après deux ans, au cas que son mari, dans cet intervalle, n'eût pas la bénignité de la reprendre. »

VIII

Le lendemain de cette triste lecture, Henri trouva Marie plus abattue. En le voyant entrer, elle baissa la tête en silence comme devant un juge suprême. Il lui tendit la main, elle avança la sienne en détournant les yeux.

— Marie, lui dit Henri d'une voix ferme, je vous épouse à la face de Dieu et des hommes.

Elle tomba agenouillée devant lui.

— Je n'ai plus rien à dire, murmura-t-elle ; vous êtes mon maître, et je suivrai vos ordres.

— Madame, de grâce, ne me parlez pas ainsi. Je ne vous épouse pas pour vous, mais pour moi ; je vous épouse parce que je vous aime : il n'y a pas là de sacrifice. Loin d'être votre maître, je ne suis que votre esclave dévoué.

Henri Thomé avait déjà formulé la demande en mariage au même tribunal qui avait repoussé la requête de Marie de Joysel. Cette demande était très digne et très simple : c'était un beau plaidoyer en faveur de Marie ; la charité chrétienne avait parlé par la voix du demandeur.

La requête fut si bien appuyée par l'avocat, que la cour donna gain de cause à Henri par cet arrêt :

« Ayant égard à la requête du sieur *Thomé*,

« permet aux parties de contracter mariage ;
« et à cet effet ordonne que les articles du con-
« trat de mariage seront signés à la grille du
« Refuge où est *Marie de Joysel*, laquelle,
« après la publication des trois bans, sera
« reconduite du Refuge en la paroisse dudit
« lieu par *Dumur*, huissier à la cour, qui s'en
« chargera pour, en sa présence, être procédé
« à la célébration dudit mariage; ce fait être
« remise entre les mains de son mari; quoi
« faisant la supérieure en demeurera bien et
« valablement déchargée.

« Fait en parlement le 29 janvier 1684.

Mais, aussitôt le prononcé de l'arrêt, la famille du procureur Gars de La Verrière forma opposition avec la sentence de condamnation obtenue par le mari et avec le testament du défunt. Cette famille mit tout en œuvre pour que le dernier vœu du procureur fût accompli;

elle alla jusqu'à pousser en avant les enfants contre leur mère.

En attendant le procès, Henri passait auprès de Marie toutes les après-midi. Leur amour devenait plus confiant et plus tendre encore; ils se dévoilaient leurs cœurs, leurs espérances, leurs craintes; ils priaient, ils se consolaient, ils s'aimaient.

Un jour, Henri trouva Marie priant avec ferveur, priant de toute son âme : — Je ne vous croyais pas si chrétienne, Marie?

— Vous m'avez fait aimer Dieu, lui répondit-elle en levant les yeux au ciel. Avant vous, je priais déjà, mais que de fois j'ai profané mes prières par le dépit, l'orgueil et la haine! J'étais en révolte contre le monde, qui m'accablait de tout son mépris et de tout son châtiment; pas une âme compatissante qui vint encourager mes larmes et ranimer mon pauvre cœur ! Je poussai ma révolte jusqu'à Dieu. Vous êtes venu, vous avez aimé celle que tout le monde repoussait, vous avez retrouvé dans mon cœur la source de mes larmes ; j'ai pleuré, non plus de colère, mais d'amour et de repentir ; je vous ai aimé, j'ai aimé Dieu. — Oui, Henri, vous êtes mon sauveur !

Cette cause extraordinaire fut appelée au mois de juillet 1684. Le fameux Talon y parut comme avocat-général. On mit en présence Marie de Joysel et ses enfants; les parents paternels et les parents maternels; Charles-Henri Thomé, le demandeur; le chanoine Leblanc, cité à témoignage comme confesseur de la condamnée; la demoiselle Amelin, supérieure de Sainte-Pélagie; la sœur Marthe et quelques autres encore. Il y eut à la ville et à la cour des curieux sans nombre; la place du Palais-de-Justice et les quais voisins furent couverts de carrosses et de laquais. Depuis un demi-siècle, jamais cause célèbre n'avait si bien piqué les curiosités délicates. On plaignait Marie de Joysel, mais on s'intéressait beaucoup à Henri Thomé; on voulait les voir en face l'un de l'autre.

Marie de Joysel « vint en habit de pénitente, corsage noir à grandes manches, jupes grises, cheveux cachés sous un bonnet uni. » Malgré ce vêtement, ce ne fut qu'un cri sur sa beauté. Plus d'une dame de la cour alla, dans son admiration pour cette figure pâlie à l'ombre de la prison, jusqu'à regretter de n'avoir pu passer ainsi quelques mois. Elle n'avait pas trop l'air de se soucier des curieux; il y avait dans ses traits de la résignation et du dédain. De temps en temps, à son insu, elle jetait un regard distrait sur Henri Thomé, qui était à la barre avec son oncle le chanoine. Elle n'était guère séparée de lui que par les huissiers qui la gardaient et ses deux avocats. De temps en temps aussi, elle jetait un regard de pitié et de douleur indéfinissable sur ses deux petites filles, qui avaient tout-à-fait oublié qu'elle était leur mère. Elles étaient assises en face d'elle à côté de leur tuteur, de leur avocat et de quelques parents de leur père. La plus âgée, encouragée par le tuteur, affectait de braver, par un regard de mépris, le regard douloureux de Marie, ce qui indignait tous les spectateurs

Avant l'entrée en séance de la cour, un petit incident excita vivement la curiosité : une vieille dame, dont la mise un peu extravagante annonçait une femme de marque, vint se jeter avec des larmes au cou de Marie; c'était sa tante, la vieille vicomtesse de Montreuil, la sœur de sa mère. Elle avait un grand air de bonté qui séduisit tout le monde. Elle prenait les mains de Marie, elle lui parlait de mille choses à la fois, elle donnait des conseils à ses avocats; elle-même semblait vouloir plaider cette cause difficile avec toutes les ressources de son cœur. Après la première effusion, elle demanda où était Henri Thomé; elle alla à lui, le regarda avec un sourire et une larme.

— C'est bien, mon enfant; ce que vous faites là est très bien. Comptez sur ma fortune et sur mon amitié.

A cet instant, la cour entra en séance avec un grand appareil de gravité, ce qui n'empêcha pas Talon de jeter un regard un peu mondain peut-être sur la belle suppliante.

L'avocat Fournier, qui avait de la célébrité et de l'éloquence, prit le premier la parole pour exposer, après l'historique de la cause, la demande de Charles-Henri Thomé. Après avoir parlé de sa famille, qui était une des plus honorables du Lyonnais, après avoir parlé du repentir de la veuve de Pierre Gars de La Verrière, il dit qu'il espérait que la cour permettrait d'exercer la plus haute charité chrétienne qui ait jamais paru dans aucun tribunal de justice; que ce n'était ni le bien, ni les richesses qui le guidaient dans cette œuvre bénie du ciel, puisque l'arrêt du 9 mars 1673, qui avait condamné Marie de Joysel, lui ôtant sa dot et le bénéfice des conventions matrimoniales, ne lui laissait pour tout patrimoine que la douleur et les larmes en partage; qu'on ne pouvait assez exagérer les qualités présentes de celle qu'il demandait pour femme; que par onze ans de pénitence elle était devenue un modèle de sagesse et de dévotion; qu'une vie si exemplaire était une dot qui, venant de la main de Dieu, était infiniment plus précieuse que celle que les hommes lui avaient ôtée.

L'avocat fit avancer à la barre le chanoine Leblanc et la demoiselle Amelin, qui rendirent pleine justice à la résignation religieuse de la condamnée depuis onze ans. « Elle a versé des larmes de repentir qui ont fait couler les miennes, » dit le chanoine en terminant.

L'avocat reprit la parole : « Messieurs, comme la liberté est le premier des biens, il est naturel que Marie de Joysel, qui a perdu ce bien précieux, accueille l'idée du mariage qui doit briser ses chaînes. Sa demande est fondée sur la loi de Dieu, sur celle des hommes, sur celle de sa famille et sur l'expiation qu'elle a faite de ses crimes.

«Un mari a causé tous ses malheurs, un mari les lui fait oublier; le mariage, qui lui fut si funeste, devient son salut; elle trouve le port où elle a fait naufrage. Si vous lui accordez la grace qu'elle vous demande, elle n'oubliera jamais cette alliance que vous ferez de l'humanité avec la justice.»

Ici l'avocat de la famille paternelle commença un long plaidoyer très injurieux pour Marie de Joysel; il fit un affreux tableau de sa vie; il l'accusa d'avoir tué son mari par le chagrin dont elle l'avait accablé, il parla même de poison. Mais cette accusation fut accueillie par un murmure universel d'indignation. Tout le monde remarqua avec une vraie douleur que les deux malheureux enfants semblaient confirmer par leurs gestes toutes les insultes de l'avocat. On les interrogea. Ils racontèrent ce qui s'était passé à la mort de leur père; mais on voyait bien que leur récit avait été appris par cœur comme une fable ou un compliment. Jamais spectacle plus douloureux ne s'était révélé aux yeux de la justice humaine.

IX

A cet instant, la solennité des débats fut singulièrement troublée par l'apparition d'un spectateur inattendu. Tous les regards se tournèrent vers le nouveau venu, qui n'avait pas l'air de rechercher le bruit; il ne venait pas là pour se mettre en spectacle. C'était un bénédictin jeune encore, mais sec et pâle à faire pitié. Il y avait dans ses traits, sous un masque d'humilité, une certaine fierté noble et digne qui accusait de la naissance, de l'esprit ou de la douleur. Quoique la foule fût très pressée, il la traversa sans exciter trop de murmures; il s'arrêta à vingt pas de Marie de Joysel, la contempla d'un doux et triste regard, s'appuya sur la grille qui séparait les juges des curieux, pencha le front en soupirant et parut se recueillir.

Marie, très émue par la scène terrible où elle venait de se voir si amèrement accusée par ses enfants, ne prit pas garde de prime-abord à cette nouvelle figure qui venait varier encore la galerie des curieux; mais, peu à peu ayant tourné ses yeux voilés d'une larme, elle tressaillit à la vue du bénédictin. Henri Thomé, qui la regardait alors à la dérobée, fut surpris de sa pâleur soudaine; par son air inquiet, il sembla lui en demander la cause. Quoiqu'elle eût toujours les yeux fixés sur lui, elle ne prit pas garde à cette inquiétude; elle continua d'observer le bénédictin, qui semblait lui rappeler de terribles souvenirs.

— Si c'était lui! dit-elle tout effrayée et toute joyeuse; si c'était lui!

Elle passa ses mains sur ses yeux, comme pour s'assurer qu'elle ne dormait pas; que tout ce qu'elle voyait, ses enfants qui la maudissaient au nom de leur père sans verser une seule larme, ces juges qui faisaient tant de bruit autour d'elle et pour elle, ces curieux si bien parés qui se croyaient presque à la comédie, ce bénédictin dont la figure lui bouleversait le cœur, n'était pas un des songes étranges de la prison.

— Je ne rêve pas, dit-elle, mais ce n'est pas lui. D'où vient et pourquoi vient cet homme?

Cependant les débats se poursuivaient avec ardeur. Je reproduis les passages curieux du plaidoyer de M⁰ Fournier, qui mérite d'être remis en lumière. Ceux de mes lecteurs qui n'aiment pas les avocats, seront libres de passer outre.

X

Mᵉ Fournier, répondant à l'avocat du tuteur, s'écrie : « puisque la cour, par l'arrêt qu'elle a rendu en connaissance de cause sur la réquisition des gens du roi, a autorisé l'union de ceux pour qui il parlait, en leur permettant de contracter et de célébrer le mariage, il ne devait pas craindre que l'opposition du tuteur et des parents paternels pût réussir; la cour sera indignée de cette entreprise, quand elle se représentera ce tableau infâme où l'on a dépeint une mère chargée de tout ce que l'assassinat, le poison et l'adultère ont de plus criminel et de plus odieux; pour commencer ce tableau, on a mis le pinceau à la main de ses propres enfants, pour le travailler et pour le finir, on leur a fait employer les couleurs les plus noires, pour former les traits les plus horribles que l'art puisse inventer.

« Cette cause est sans exemple : c'est la première fois qu'un tuteur a abusé, avec tant d'emportement, de la voix du sang, et a soulevé des enfants avec tant d'impiété contre leur mère.

Mais les sentiments que la nature grave dans nos cœurs, en les formant, le respect et la reconnaissance qu'elle nous inspire pour nos parents, ne permettent pas de présumer que les filles de *Marie de Joysel* aient part au tableau que l'on vient de tracer de leur mère.

« Il est de l'intérêt politique que les mariages, qui donnent des sujets aux princes, des créatures à Dieu et des membres à l'Église, puissent être librement contractés ; et ceux qui veulent s'y opposer, à moins qu'ils ne fassent voir des obstacles légitimes, sont coupables de plusieurs homicides : dans le nombre je compte celui des enfants qui auraient vu le jour si on ne s'était point opposé à leur naissance.

« La première des raisons que l'on vient d'annoncer est tirée d'une loi que Dieu lui-même a prononcée par la bouche de celui de ses apôtres auquel il a communiqué le plus de lumières et de connaissances. Saint Paul, parlant aux Romains, dans le chapitre VII, a précisément borné à la vie du mari la puissance qu'il avait sur sa femme, ne voulant pas qu'à près sa mort on pût faire revivre son autorité éteinte, pour la continuer contre la femme qui lui survivrait.

« La mort a ses droits aussi bien que la vie. Tant qu'un mari est vivant, il n'est pas juste que sa femme, pour l'avoir trahi, devienne, à la confusion de ce mari, la femme d'un autre ; sa douleur et sa vengeance ne peuvent finir qu'avec lui.

« Mais, dès le moment que la mort l'a enlevé à sa douleur et à son ressentiment, elle affranchit la femme de l'esclavage auquel il avait le pouvoir de la soumettre pendant sa vie; et quand il n'est plus au monde, ses enfants ni ses héritiers ne doivent pas compter dans sa succession, parmi les biens de son patrimoine, les chagrins qui lui étaient personnels et qui sont enfouis avec lui dans son tombeau. Aussi le savant *Grotius*, sur ces mots de saint Paul, *Soluta est à lege viri*, dit fort à propos ; *Id est*, *pœna adulterii*. La mort du mari est une absolution pour la femme qui lui survit.

« Après cela, peut-on s'arrêter à deux actes sous seing-privé du sieur *Gars?* Il a transcrit, dans son cabinet, l'authentique, et, après une sombre méditation, il a mis au dos de cette authentique : *Est lex de Mariâ Joysel, quam, me mortuo, sequi volo.* C'est une loi pour *Marie Joysel,* que je veux qui soit exécutée après ma mort. — C'est ainsi qu'il s'érige en magistrat dans sa propre cause. Mais lui, qui parlait pour ainsi dire la loi à la main, ne devait-il pas savoir que sa magistrature, aussi bien que son pouvoir, finissait avec sa vie?

« L'authentique ne dit point qu'une femme convaincue d'adultère ne pourra jamais se remarier. Les lois pénales, comme est cette authentique, ne sont point sujettes à extension : au contraire, comme ce sont des décisions odieuses, elles doivent être restreintes et limitées suivant l'opinion des jurisconsultes et des empereurs.

« Si le droit civil, dans sa dernière jurisprudence, n'ôte point à la femme adultère la faculté de se remarier, la loi canonique, qui est celle que nous suivons pour les mariages, ne lui est pas moins favorable. Nous pouvons dire même, sur ce sujet, que la loi canonique a pour fondement la loi de Dieu.

« L'Écriture nous apprend que Dieu commanda au prophète Ozée d'épouser une femme de débauche : le prophète l'épousa, et il en eut trois enfants.

« Le précepte que Dieu donna à ce prophète est peut-être le sujet par lequel le pape Clément III compte comme une grande œuvre de charité celle de se choisir une épouse dans un lieu de débauche. Il veut même qu'une action si chrétienne soit suffisante pour obtenir la rémission de ses fautes, parce qu'elle met dans la voie du salut celle qui marchait dans le chemin de la perdition.

« Suivant la décision de ce pape, bien loin qu'il y eût quelque chose à redire dans un mariage que l'on contracte avec ces victimes d'infamie qui ont un écriteau sur le front, il élève hautement la vertu de ceux qui les épousent. Que peut-on donc trouver à redire dans le mariage que la cour a permis au sieur *Thomé* de célébrer avec *Marie de Joysel?*

« Il la trouve dans un lieu saint, où elle fait, depuis dix ans, des exercices de piété et de vertu. Le couvent de Sainte-Pélagie est la prison où, pour parler le langage de l'Écriture, elle mange le pain de tribulation et boit l'eau de douleur.

« Depuis ce long espace de temps, elle lave ses fautes passées dans les larmes qu'elle a continuellement versées, comme une véritable repentie.

« Les parents paternels jouent ici un rôle bien odieux; ils oublient leur propre honneur, on peut dire leur religion, pour le sacrifier à la vengeance d'une injure qui les atteint de si loin, qu'elle ne les blesse pas; ils se présentent à la cour sous cette face.

« Ce qui est de plus surprenant, c'est qu'ils n'en rougissent point : voilà tout ce qu'on dira contre eux.

« On a vu autrefois, devant le plus grand juge qui ait jamais paru sur la terre, des accusateurs, pleins de chaleur et d'emportement, être obligés de prendre la fuite et n'oser jeter la première pierre contre la femme adultère, quoique le Seigneur leur en eût donné le pouvoir.

« Vous avez souffert que le sieur *Gars*, qui était le seul offensé, ait jeté la première pierre contre sa femme; ne permettez pas que ses enfants, après sa mort, lui jettent une seconde pierre, qui lui serait une blessure plus cruelle que la première.

« Si ces enfants ont osé paraître en votre audience avec toute la témérité qui accompagne des accusateurs indiscrets, obligez-les publiquement de prendre la fuite et de faire une retraite qui les couvre pour toujours de honte et de confusion. Ils reprocheront éternellement à leur tuteur de les avoir engagés dans une pareille démarche. Dans le compte qu'il leur rendra, il pourra peut-être prouver la pureté de sa conduite dans l'administration de leurs biens; mais il ne se justifiera point de la témérité qui lui a inspiré un procès qui donne une si grande atteinte à l'honneur de ses mineurs.

« Le père a satisfait à son devoir en satisfaisant à sa colère et à sa vengeance. Que votre arrêt apprenne à ses enfants à faire leur devoir à leur tour; qu'il leur imprime la tendresse et le respect qu'ils doivent avoir pour celle dont ils ont reçu le jour; qu'il les fasse ressouvenir, tant qu'ils vivront, que le chemin que ce tuteur leur a fait tenir est celui du détestable Cham, qui s'attira la malédiction du Seigneur pour avoir révélé la turpitude de son père; que votre arrêt leur fasse connaître que l'exemple qu'ils doivent suivre, en cette occasion, est celui de Sem et de Japhet, qui, ayant couvert de leur manteau la nudité de leur père, furent comblés de grâces et de bénédictions.

« Punissez l'attentat qu'on a fait à la liberté. C'est la nature qui nous donne la liberté : elle seule nous la peut ôter avec la vie. Punissez la résistance qu'on a apportée, depuis cinq mois, à la célébration d'un mariage que vous avez autorisé.

« N'est-ce pas assez, pour des enfants, de se voir revêtus des dépouilles de leur mère? S'ils la voient sans peine privée des biens temporels, si la dureté de leur cœur les porte à ne lui en point faire de part, s'arrêtant à la rigueur de la loi civile plutôt que de suivre le penchant de la loi naturelle, pourquoi veulent-ils empêcher qu'elle ne participe à un bien spirituel, ce trésor précieux, ce don céleste? Je veux dire la grâce que Dieu, par la bouche de l'apôtre, promet à ceux qui reçoivent le sacrement de mariage, qui pour cela est appelé un grand sacrement : *Magnum sacramentum quod gratiam confert;* ce sont les termes du concile de Trente.

« Onze ans de pénitence ont disposé *Marie de Joysel* à recevoir cette grâce. Ne souffrez pas que des enfants s'opposent impunément à une si sainte résolution. Vengez publiquement la nature que l'on a si lâchement outragée, vengez hautement la politique dont on a ouvertement attaqué les lois ; et, confirmant l'arrêt que vous avez rendu, faites voir en cette occasion, ce que le public a toujours reconnu dans vos jugements, que votre justice est de concert et va d'un pas égal avec les règles les plus saintes et les maximes les plus sacrées de notre religion. »

XI

L'avocat des enfants Gars de la Verrière reparut d'un air plus triomphant que jamais. Le bruit venait de se répandre dans la salle qu'il allait porter une nouvelle accusation contre la pauvre Marie. Il se fit pour ses paroles un silence avide. Il débuta ainsi :

« Si je n'en ai point assez dit contre cette femme, si mon plaidoyer, puisé dans la vérité comme dans l'indignation, n'a point convaincu messieurs les juges des souillures ineffaçables de Marie de Joysel, je vais poursuivre ma noble tâche au nom de l'humanité, qui ne veut pas qu'une pareille criminelle rentre dans son sein. Juspu'ici je vous ai présenté Marie de Joysel comme une pécheresse sans âme et sans repentir, destinée à toutes les fureurs et à toutes les tortures de l'enfer; maintenant je puis dire encore plus à sa honte. Voyez ce manuscrit qui devrait être écrit avec du sang, c'est l'histoire de cette femme racontée par elle-même dans son impudeur.»

Marie poussa un cri et tomba en défaillance; Henri Thomé se leva avec indignation; le silence devint plus profond que jamais.

— Ce manuscrit, s'écria Henri Thomé, est la confession d'une pauvre âme qui se repent à un pauvre cœur qui console; l'avocat d'une cause indigne ne doit pas le souiller de ses mains ni le flétrir de son regard. Cette histoire n'est venue ici que par un vol dont je demande raison.

Le président rappela le jeune médecin à un langage plus digne du Palais; il raconta ensuite comment le manuscrit était venu aux mains de l'avocat des enfants : cet avocat avait demandé, le jour même, une perquisition au domicile de Henri Thomé, pour découvrir sa correspondance avec Marie ; on venait de saisir cette histoire, qui devait être une précieuse lumière pour la justice.

Marie de Joysel se leva à cet instant, se tourna vers l'avocat, qui la menaçait avec le manuscrit, et avec un geste de dédain :

— Lisez, monsieur, dit-elle.

L'avocat poursuivant reprit la parole : « On vient de vous dire, messieurs les juges, que nous insultions au malheur ; mais la plus grande insulte que nous puissions jeter à la face de cette femme serait de lire tout haut cette histoire de boue et de sang qu'elle a osé écrire, qu'elle a pris plaisir à se raconter à elle-même dans les mortels ennuis de sa prison. Nous nous contenterons de vous lire quelques pages au hasard.»

Le bénédictin, qui jusque-là était demeuré gravement et tristement incliné à la grille des spectateurs, demanda d'une voix sombre et glaciale à passer au banc des témoins, ayant, poursuivit-il, des révélations à faire à la justice.

Un huissier, sur l'ordre du président, alla ouvrir la grille. Le bénédictin vint en silence s'asseoir près du chanoine Leblanc, très près de Marie de Joysel.

— Oh! mon Dieu! murmura-t-il en levant les yeux au ciel, donnez-moi la force d'apaiser mon cœur.

Comme il vit que Marie de Joysel, toute

chancelante dans les bras de madame de Montreuil, le regardait avec une grande inquiétude; il baissa son capuchon et détourna un peu la tête.

L'avocat se mit à lire.

« Je passai la fin de l'hiver le plus tristement du monde, dans les larmes les plus amères. Hélas! me le redirai-je à moi-même : la belle saison revenue, l'ombre de Montbrun s'éloigna peu à peu de mon âme; je me sentis rajeunir. J'avais retrouvé une compagne du couvent, qui n'avait guère mieux tourné que moi; j'allai la voir de plus en plus souvent; elle avait une petite cour de cadets de famille qui ne donnaient pas de prise à la tristesse. Ils finirent par m'égayer un peu. Ne pouvant en aimer aucun, je les aimai tous ensemble; je devins pire que je n'étais : jusque-là j'avais eu la foi de l'amour, j'avais aimé avec religion, mais ce ne fut plus chez moi qu'une profanation de l'amour; je devins coquette, je pris plaisir au madrigal, je me fis de plus belle en plus belle; enfin, je m'étourdis follement, je perdis la tête : pour le cœur, il n'en fut plus guère question.

« Du matin au soir, et souvent du soir au matin, je m'abandonnai indignement à tous les jeux de l'amour, tournant à tous les vents, écoutant toutes les bouches trompeuses, prenant à peine le temps de songer au passé et à l'avenir, à Montbrun et à Dieu. J'oubliai jusqu'à mes enfants.

« Mais ici la plume devient rebelle. A quoi bon, en effet, retracer cette page la plus triste de ma triste vie ! Que dirai-je de plus, si ce n'est que je passai toute une année dans les égaremens des mauvaises passions. »

« Vous l'entendez, messieurs les juges ! Nos accusations vont-elles jusque-là ? Ce n'est pas tout, elle s'accuse d'un crime nouveau pour nous; elle a assassiné son premier amant, Philippe de Montbrun ! »

Quand l'avocat eut bien péroré sur ce chapitre, le bénédictin se leva lentement, s'avança à la barre, promena tour à tour son regard sur le Christ et les juges.

— Qui êtes-vous? lui demanda le président avec une émotion qu'il contenait à grand'peine.

— Qui je suis? répondit le bénédictin en rejetant en arrière son capuchon. Demandez à Marie de Joysel.

Il se tourna vers la pauvre femme, qui poussa un cri sec et tomba à demi morte dans les bras de sa tante et d'un huissier.

XII

La curiosité fut plus vive que jamais; toutes les dames des galeries se levèrent à la fois, dévorant du regard le sombre bénédictin et la pâle Marie de Joysel. Henri Thomé était attéré, éperdu, hors de lui. Tout à coup, ne pouvant dominer son inquiétude, il se tourna d'un air impérieux vers le bénédictin.

— Enfin, Monsieur, qui êtes-vous? lui demanda-t-il à son tour.

— Je suis Philippe de Montbrun, répondit

gravement le religieux; oui, je suis Philippe de Montbrun ; ainsi n'accusez pas cette femme de ma mort, n'accusez pas cette femme de ses fautes, Dieu qui l'a vue pleurer lui a pardonné. Ne poussez pas plus loin votre colère ; je viens ici par la miséricorde de Dieu, selon les saintes lois de l'Évangile. Je suis plus coupable que cette femme, j'ai été le démon quand elle était encore un ange de beauté et de vertu ; j'ai été le serpent maudit qui lui ai découvert le péché. Mais il y a eu un plus grand coupable que moi; ce premier coupable-là était mon cousin le procureur Pierre Gars de La Verrière. Le mariage est une loi divine et humaine qui unit saintement l'homme à la femme ; or le procureur Pierre Gars de la Verrière n'était pas un homme, il avait perdu en vieillissant tout ce que Dieu nous donne de noble, de grand et de généreux ; cet homme n'avait plus ni cœur, ni âme. Je sais bien qu'il eût été d'une sublime résignation à Marie de Joysel de dévouer à cet homme sa beauté, sa grâce, sa vertu, mais la femme est faible, Dieu l'a faite ainsi.

Le président interrompit Montbrun.

— Mon frère, lui dit-il un peu sèchement, ce n'est pas un sermon que nous vous demandons; la justice n'est pas ici à l'école. Dites-nous seulement comment il se peut que, vous Philippe de Montbrun, vous soyez là.

— Marie de Joysel n'a pas tout dit ; elle s'est accusée seule, elle aurait pu m'accuser avec plus de force et de vérité ; mais tout ceci est en dehors de la cause. Je suis venu ayant appris ce qui se passait ici par le grand-prieur de notre abbaye ; j'ai voulu revoir la pécheresse dans son repentir, j'ai espéré qu'il me serait permis d'élever la voix en sa faveur en face des outrages dont on veut l'accabler.

Montbrun s'avança de deux pas vers Marie de Joysel, qui revenait à la vie. Elle voyait et écoutait son premier amant sans en croire ses yeux ni ses oreilles.

— Vous! vous! dit-elle en passant les mains sur son front.

Montbrun s'avança encore.

— Où suis-je? ô mon Dieu! s'écria-t-elle en tressaillant.

Le procureur-général avait pris la parole; Montbrun put dire quelques mots à Marie sans être trop écouté des curieux.

— Ne craignez rien, Marie, je ne viens pas me plaindre, je viens vous dire d'espérer; je suis mort à ce monde, à ce monde où vous êtes, Marie! J'ai renoncé à tout, je me suis réfugié dans la prière et dans l'amour de Dieu; cet amour-là n'est pas trompeur, c'est le seul amour infini; les larmes qu'on y répand sont les plus douces. Adieu, je n'ai plus rien à dire en cette enceinte, je retourne à jamais en mon cher refuge, j'y vais prier pour vous. Adieu.

Il s'inclina, remit son capuchon et s'achemina gravement vers la porte de sortie.

— Adieu donc, dit Marie en soupirant.

Le plaidoyer de Talon fut curieux, mais sec et pâle ne roulant guère que sur des citations. Il passa en revue toutes les lois romaines et françaises touchant l'adultère, mais sans trouver un exemple à sa cause : il parla pour et contre, afin de bien faire jaillir la vérité. On peut dire qu'il s'inspira un peu du vœu des spectateurs, tous favorables à la pauvre mère outragée et maudite par ses enfants; il s'inspira aussi des préceptes de l'Évangile. Son dernier mot, attendu avec impatience des spectateurs, avec angoisses de Marie et de Thomé, son dernier mot fut pour le mariage.

La cour se conforma aux conclusions de M. Talon, et voici ce qu'elle prononça :

« La cour, ayant égard à la requête des pa-

« rents maternels, les a reçus intervenants,
« sans s'arrêter à l'opposition des parents pa-
« ternels, ordonne que l'arrêt du 29 février
« sera exécuté et en conséquence passé outre,
« nonobstant l'opposition formée aux bans;
« condamne les opposants aux dépens, sans
« néanmoins que Marie de Joysel puisse se
« pourvoir contre l'arrêt du 9 mars 1675, qui
« sera exécuté. »

Fait en Parlement, le 21 juin 1684.

Quand on prononça l'arrêt, Marie de Joysel, Henri Thomé et la vieille tante, ne purent arrêter leurs larmes. Marie fut reconduite en prison, où elle devait attendre le jour du mariage. Madame de Montbreuil la quitta, en lui disant qu'elle enverrait son carrosse ce jour-là pour la prendre à la sortie de l'église : elle voulait que sa nièce et Henri passassent à son château les premiers temps du mariage.

XIII

Le lendemain, vers deux heures, comme Henri Thomé venait de sortir de la cellule de Marie, la sœur Marthe vint y annoncer la visite d'un bénédictin qui avait un laissez-passer de monseigneur l'archevêque. Marie pâlit, chancela, tomba sur sa chaise, se cacha le front dans les mains. — Lui! dit-elle d'une voix étouffée.

Il entra, grave, triste et silencieux.

— Ma sœur, murmura-t-il d'une voix sourde, levez-vous et venez : j'ai longtemps prié pour vous comme pour moi.

Et comme Marie ne répondait pas :

— Ne craignez rien de moi, je ne suis plus que l'ombre de Montbrun, une ombre qui se traîne vers la vie éternelle à travers le repentir. Je vous ai aimée, Marie, je vous ai séduite, je vous ai égarée; aujourd'hui, je n'ai plus d'amour que pour le Seigneur; mais votre souvenir vient souvent encore me troubler dans mes prières de la nuit; j'ai voulu vous revoir, vous toucher la main, cette main qui m'a deux fois touché au cœur... Pardonnez-moi, c'est mon dernier adieu aux choses d'ici-bas... Marie, vous ne me voyez pas, vous ne m'entendez pas? Je vous parle et je vous tends la main... la main d'un frère... Daignez la toucher, et tout sera fini!

Marie leva lentement la main avec un soupir.

— Vous avez été bien cruel, Montbrun; vous avez laissé passer sur mon cœur onze mortelles années avec la pensée de votre mort. Vous ne savez pas ce que j'ai fait pour oublier mon amour et mon crime. Avec vous je n'étais pas une femme perdue, j'étais une amante qui sait se faire pardonner aux pieds de Dieu même, à force d'amour. Mais depuis ce jour maudit où je suis allée retrouver votre cœur avec un poignard, je me suis abandonnée aux mille égarements des folles passions. Cruel! mille fois cruel! Pourquoi ne pas m'avoir dit que vous vous retiriez du monde? Avec quelle joie, triste peut-être, mais douce et chère à mon amour, je fusse allée me réfugier au couvent, loin de vous s'il l'eût fallu, mais toujours avec vous par la prière, par l'âme, par le cœur!

— Je ne vous cacherai rien, Marie, car aujourd'hui mon cœur ne se cache plus. Eh bien ! cette femme que vous avez atteinte mortellement en me frappant moi-même, cette femme pria Dieu ce jour-là pour la première fois de sa vie, elle pria Dieu de me sauver. Dieu me sauva de la mort, Dieu me sauva deux fois, le corps et l'âme; car, touché des prières de ma pauvre maîtresse, je priai aussi ; vous devinez donc de quel temps date ma conversion. Elle s'était convertie dans la même ardeur; elle avait une sœur au couvent de Sainte-Marguerite, elle alla rejoindre cette sœur. Mais, chez les femmes, la jalousie survit à l'amour : elle ne prit le voile que sur mon serment de renoncer au monde, à vous, la plus belle, sinon la plus aimée de toutes...

— Quoi ! s'écria Marie, emportée par les élans de son ancien amour, quoi ! vous l'aimiez plus que moi ?

Elle se leva tout agitée.

— Qui sait? murmura le bénédictin; vous avez été la première, elle a été la seconde; mais nous sommes si loin déjà de ce temps d'orages et de périls.

— Si loin! dit Marie. Ah! bienheureux, bienheureux ceux qui oublient!

— Allez, allez, Marie, vous avez oublié la première, vous avez oublié plus que je n'ai fait. Croyez-vous donc que je n'aie pas mis un cilice sur mon cœur pour venir jusqu'ici?

Marie de Joysel se jeta aveuglément dans les bras du bénédictin.

— Ah! Dieu soit loué! s'écria-t-elle en éclatant; maintenant je puis mourir. Oh! Montbrun! quelle joie de mourir en songeant qu'après une si longue solitude votre cœur n'est pas glacé pour moi!

— Marie! Marie! de grâce, oublions de toutes nos forces. Rappelez-vous donc que ce cœur que je sens battre sur le mien n'appartient plus à moi ni à vous-même, mais à ce noble jeune homme qui vient répandre sur vous la bénédiction du mariage et de la famille.

Marie se détacha des bras de Montbrun.

— Henri Thomé! dit-elle en levant les yeux au ciel, Henri Thomé! je l'avais oublié, lui!

Un silence suivit ces paroles.

— Mais, reprit-elle en penchant la tête, s'il ne m'est plus permis de posséder mon cœur pour vous ni pour moi, je puis du moins l'élever jusqu'à Dieu.

— Oui, Marie; c'est là-haut que je vous attends. Mais voyez ma pâleur funèbre et mon abattement; je n'ai plus que peu d'années à vivre, je serai là-haut longtemps avant vous.

— Avant moi! Dieu seul le sait. Mais vous me trompez encore, car cette femme que vous avez tant aimée, trop aimée, ce sera celle que vous chercherez là-haut.

— En vous attendant, peut-être.

Le bénédictin sourit de son charmant sourire d'autrefois.

— Mais, reprit-il en appuyant le cilice sur son cœur, je me hâte de vous dire adieu, car, si je restais près de vous une heure de plus, à quoi me serviraient onze années de luttes et de repentir? Adieu, Marie.

— Ah! dit-elle avec un cri douloureux, pourquoi êtes-vous revenu?

Montbrun avait repris son masque glacial.

— Adieu, ma sœur.

Il tendit sa main sèche et blanche; Marie la saisit avec ardeur.

— Non, non, vous ne me quitterez pas sitôt. Songez donc que c'est notre dernier rendez-vous.

— Sur la terre.

— Ah! si j'étais sûre de vous retrouver au ciel!

— Espérez en Dieu.

— Je vous dis que vous ne partirez pas si tôt; à peine si je vous ai vu, à peine si vous m'avez parlé. Mais contez-moi donc ce qui s'est passé depuis onze ans? Je veux tout savoir.

— Ne vous l'ai-je pas dit? J'allais mourir, on a prié pour moi, Dieu a touché mon âme comme le cœur de celle qui priait; je lui devais ma vie, elle m'a permis de la consacrer à Dieu, voilà tout.

— Mais je vous ai attendu rue Hautefeuille, je vous ai attendu comme une pauvre folle, assise sur une borne, le jour et la nuit. Que ne m'avez-vous écrit la vérité? J'ai entendu le troisième jour crier la mort d'un jeune capitaine qui s'était poignardé dans les bras de sa maîtresse, je suis rentrée mourante; j'ai voulu mourir, mais est-ce qu'une pauvre femme a la force de mourir quand son heure n'est pas venue!

— Moi, j'ai appris vaguement que vous étiez consolée; vous êtes une femme, c'est tout simple. J'ai appris il y a quatre ans que notre indigne cousin, Pierre Gars de la Verrière, vous avait emprisonnée pour la vie suivant un jugement obtenu contre vous. J'ai tenté deux fois de venir jusqu'à vous; j'ai d'abord trouvé un geôlier inflexible; j'ai demandé, par une lettre de notre prieur, un laissez-passer à monseigneur l'archevêque, mais monseigneur n'a pas répondu; ce n'est que sur une seconde lettre écrite ces jours-ci qu'il a daigné me répondre selon mes vœux. Votre histoire a fait du bruit partout, même dans notre solitude; mon cœur s'est révolté en apprenant que vos enfants allaient déposer contre vous; je suis allé au tribunal en promettant de vous défendre s'il le fallait sans me faire connaître; mais comment se cacher quand le cœur parle tout haut!... Adieu, Marie... adieu!

Montbrun alla rapidement à la porte de la cellule.

Elle courut à lui, mais il s'arracha de ses bras; il partit en lui cachant ses larmes. Elle alla tomber mourante sur son lit, écoutant du cœur et de l'oreille l'écho du sombre corridor qui répétait l'adieu de Montbrun.

XIV

Montbrun n'était apparu que comme une ombre. Henri Thomé, plus tendre et plus dévoué que jamais, reprit peu à peu son empire sur Marie de Joysel. Ce fut avec joie qu'elle vit arriver le jour du mariage.

Ce mariage célèbre se fit trois semaine après le jugement. Je ne crois pouvoir mieux faire pour en raconter la cérémonie que de repro-

partirent avec empressement. Le voyage fut doux, mais silencieux; malgré l'amour charmant de Henri, Marie avait çà et là des instants de sombre tristesse; s'il parlait de bonheur, elle penchait la tête et semblait dire : le temps est passé; s'il parlait d'amour, elle regardait le ciel et semblait dire encore : le temps est passé. Mais aussitôt, voyant que sa tristesse inquiétait Henri, elle reprenait soudainement son masque d'insouciance et son gracieux sourire; elle s'aveuglait elle-même pour aveugler son amant.

Il était près de dix heures quand ils arrivèrent au château. Ils descendirent de carrosse dans une grande cour déserte, aux pavés moussus, devant un perron à colonnade ombragée par deux ormes centenaires.

La vieille madame de Montreuil vint jusque sur le perron; elle embrassa Marie avec une tendresse de mère, elle accueillit Henri comme son enfant.

— Vous avez voulu être seuls, dit-elle en les conduisant à sa chambre ; vous tombez à merveille : mon fils est parti pour rejoindre son régiment ; M. le curé, qui est un peu curieux, espérait vous voir aujourd'hui, mais je l'ai prié d'attendre jusqu'à demain. Asseyez-vous, mes enfants ; chauffe bien tes pieds, ma pauvre Marie, la soirée est fraîche. Tu es pâle ; le voyage t'a fatigué. Pauvre enfant ! il y a si longtemps que tu n'avais fait un pas. Dieu merci ! nous souperons de bonne heure. —Ah ! ah ! voilà une image bien précieuse.

Marie venait de détacher de la cheminée un petit portrait de sa mère.

— Ce n'est pas sans peine que j'ai arraché ce portrait des mains de ton procureur. Je t'avais bien dit de te méfier de ces mains-là.

Mais mademoiselle voulait à toute force se marier. Grande sotte, un procureur!

— Ah! ma tante, de grâce, n'en parlons plus!

— C'est vrai, laissons-le reposer en paix dans sa robe noire. Avez-vous fait bon voyage? Que dites-vous de mon vieux carrosse et de mes pauvres chevaux? Ah! il y a vingt ans, mon équipage était plus fringant; mais, que voulez-vous? tout a passé de mode chez moi.

— Excepté le cœur, ma tante; vous avez toujours la même jeunesse de cœur.

— Tu as raison, mes cheveux ont blanchi, mais, comme disait si bien Benserade, les neiges de l'hiver n'ont pu atteindre mon cœur.

— Et vos chats, ma tante? Après madame de La Sablière, vous aviez les plus beaux chats du royaume.

— Tout à l'heure, au souper, nous les verrons venir par régiments.

Henri prit la parole; il parla des distractions de la vieillesse, des magies du souvenir, des consolations de la nature et de la charité chrétienne; enfin il acheva de séduire la vieille tante.

Le souper fut très agréable; seulement madame de Montreuil remarquait avec un peu de souci que sa nièce mangeait à peine, qu'elle s'efforçait en vain d'être, sinon gaie, du moins souriante.

— Voyons, mon enfant, pourquoi cet air pensif, cette mine rêveuse? Je te trouve beaucoup plus belle quand tu t'animes un peu.

— Hélas!

— Et vous, monsieur mon neveu, vous avez de l'inquiétude? Allons, je vois bien que je suis de trop ici; l'amour aime le silence, la solitude, comme disait mon oncle le chevalier de Tumières, l'amour aime être *entre quatre-s-yeux*. Mais, en vérité, ici mes pauvres yeux ne devraient pas compter; pour y bien voir, il me faudrait mettre des lunettes.

— Mais, ma tante, croyez bien, dit Marie en lui tendant la main, croyez bien que nous sommes heureux et fiers d'avoir un pareil témoin à notre bonheur. Sans vous, où serions-nous allés?

— Oh! oh! reprit la tante en hochant la tête, les amants ne sont jamais en peine; une fois qu'on a un cœur pour reposer son front, on se moque bien du reste; l'amour est un grand architecte qui bâtit des châteaux à tout bout de champ. Voyons, mes enfants, pour me prouver votre confiance en moi, ayez plus d'abandon; allez, allez, ne craignez pas de vous embrasser un peu; cela vous fera du bien et à moi aussi.

Marie sourit avec un charme adorable; elle tendit son autre main à Henri, qui la baisa avec passion.

— A la bonne heure, dit madame de Montreuil ; au moins vous n'avez plus l'air de sortir du couvent. Je sais bien que le souvenir de ton infortune ne doit pas t'égayer beaucoup ni lui non plus, mais tout cela est fini, il faut jeter un voile sur le passé.

— Oui, dit Marie en soupirant, un voile sur le passé !

Vers la fin du souper, madame de Montreuil était si animée qu'elle chanta un couplet de son cher abbé de Chaulieu à la déesse d'Amathonte ; après avoir chanté, elle babilla encore avec beaucoup de feu ; enfin elle pencha la tête et s'endormit le front sur la table.

Une suivante avertit Henri et Marie qu'elle avait allumé du feu dans leur chambre. Henri leva sur Marie un regard suppliant, lui offrit la main et prit un flambeau sur la table.

— Allons, dit-elle d'une voix brève.

Elle embrassa tendrement sa tante sur ses

cheveux blancs; elle mit dans son sein le portrait de sa mère. Ils entrèrent au haut du grand escalier dans une chambre très richement décorée. Les murs étaient tendus de tapisseries à scènes galantes et champêtres; les dessus de portes et les dessus de glaces, peints assez fraîchement, représentaient des Amours. La cheminée était d'une très jolie sculpture à ornements. Le feu qui venait d'y être allumé répandait un vif éclat sur un grand lit à baldaquin digne d'un prince du sang. A la vue des rideaux, Marie pencha son front sur le sein de Henri, qui était toujours tremblant devant elle par la force de son amour.

— Marie, vous devez me trouver un bien triste amant? mais j'ai le cœur si mal fait que je suis effrayé de mon bonheur. Je tremble comme un enfant qui a peur, à peine si j'ose vous dire que je vous aime.

— Je le sais, Henri. Croyez-vous donc que

je ne sois pas fière de cette passion si tendre et si craintive? Allez, Henri, moi aussi je tremble, car je n'ose croire que votre jeune cœur, qui est un trésor d'amour, soit pour moi, qui n'en suis pas digne.

Ces derniers mots furent étouffés par un baiser de Henri.

— Marie, tu es digne de l'amour d'un roi! Est-ce que je crois à tous les contes dont on t'a poursuivie? Tu es trop belle pour n'avoir pas été victime de ta beauté. A quoi penses-tu, Marie? Hélas! toi, tu ne m'aimes pas! je ne suis qu'un enfant à tes yeux.

— Oui, un enfant plein de cœur et de force, un enfant que j'aime comme si j'étais sa sœur, sa mère...

— Ah! Marie vous ne m'aimez pas comme un amant!

— Ne vous ai-je pas dit que je vous aimais

de tout mon cœur, de toute mon âme, et pour la vie?

En disant ces mots, Marie leva les yeux au ciel.

— Le ciel vous entende et vous bénisse !

Marie sonna.

— Pourquoi sonnez-vous, méchante?

— Cela ne vous regarde pas.

— Pourquoi cacher ces beaux cheveux qui font ma joie, ces beaux cheveux que tant de fois j'ai vus en songe nageant en boucles sur l'oreiller?

— Eh bien ! je vous abandonne mes cheveux.

A peine Marie eut-elle dit ces mots, que son amant, avec une touchante et folle ardeur, la décoiffa de ses mains et de ses lèvres.

— Hélas ! lui dit-elle, voilà ce que je vous apporte de mieux en mariage.

Elle avait la plus belle chevelure du monde,

noire comme le jais, longue comme la branche du saule pleureur.

— Que vous êtes belle ainsi! Quelle grâce! quelle douceur! quel enchantement!

— Oui, je suis belle encore, dit Marie d'un air distrait en se voyant dans la glace de la cheminée.

Une pâleur de mort passa sur ses joues légèrement animées. A cet instant, une servante ouvrit la porte.

— Apportez-moi la cassette en bois de rose, dit Marie en rassemblant sa chevelure.

Cette fille redescendit et revint bientôt. Pendant que Henri fermait la porte sur ses pas, Marie ouvrit la cassette sur la cheminée. Elle y prit d'un air d'insouciance un encrier, une plume et une feuille de papier.

— Êtes-vous folle? dit Henri en revenant près d'elle, pourquoi tout cet attirail d'écrivailleur, d'huissier ou d'avocat? Est-ce que l'amour est un homme de loi?

—Qui sait! l'amour a peut-être une supplique à vous faire.

Comme Henri semblait attristé par ce mot, elle reprit en souriant :

— Ne vous chagrinez pas, enfant, je dépose la plume.

— Savez-vous, madame, que tout le monde est couché au château?

—Je crois bien, répondit-elle d'un air moqueur, il est huit heures! Vous ne vous êtes jamais couché si tard, n'est-ce pas? Mais ce n'est pas tous les jours la nuit des noces.

. . . .

Les flammes de l'âtre répandaient un vif éclat sur les fleurs épanouies des grands rideaux.

. . . .

Henri s'endormit, bercé par les paroles tendrement amoureuses de Marie. Elle souleva la tête et le regarda doucement. Mais bientôt, ne pouvant arrêter ses larmes, elle se retourna et joignit les mains avec ferveur.

Après une prière, elle descendit du lit, glissa ses jolis pieds dans des mules de satin, jeta un manteau sur ses épaules toutes frémissantes, s'approcha de la cheminée et saisit la plume d'une main agitée.

Elle écrivit en pleurant pendant plus de deux heures. De temps en temps, elle se retournait tout inquiète vers le lit. Quand elle eut fini d'écrire, elle se leva et se regarda dans la glace avec une triste curiosité. Elle se promena un peu dans la chambre; s'étant approchée d'une fenêtre, elle détourna les rideaux pour voir le ciel. Le ciel était parsemé de nuages vaporeux; les étoiles ne brillaient que çà et là à travers la gaze flottante; le vent passait doucement sur les vieux chèvrefeuilles du parc.

— Le beau temps qu'il fera demain! dit Marie avec un soupir; il va s'éveiller sous un rayon de soleil, quand les oiseaux chanteront; je vais ouvrir la fenêtre; le vent apportera jusqu'à notre lit les parfums du matin et les chansons de l'alouette.

Elle retourna vers le lit; Henri dormait toujours.— J'ai froid, dit elle en tressaillant. Il est temps que je me recouche auprès de lui.

Elle alla encore jusqu'à la cheminée, où elle regarda longtemps le portrait de sa mère. — O mon Dieu! murmura-t-elle en revenant, je vous remercie du courage que vous m'avez donné.

Quand elle fut recouchée, elle demeura plus d'une demi-heure à contempler Henri avec amour; à la fin, ne pouvant résister au sommeil, elle l'embrassa doucement sur le front, dénoua ses cheveux, les répandit autour d'elle, pencha la tête sur l'épaule de Henri, lui prit doucement la main et s'endormit avec un long soupir.

XV

Quand Henri s'éveilla, le jour commençait à poindre; les premiers feux de l'aurore répandaient dans la chambre, par la fenêtre entr'ouverte, un pâle sillon de lumière ; nul bruit au dehors, à peine entendait-on les rumeurs naissantes de la nature. Il n'osait respirer, de peur de réveiller Marie ; il entrevoyait sa tête dans l'ombre, à demi cachée dans un pli de l'oreiller et à demi voilée par sa longue chevelure. Il attendit avec une douce impatience que le premier rayon de soleil vint éclairer ces traits enchanteurs et adorés. Jamais rêves si doux n'avaient égaré son âme : cette amante qu'il n'espérait pas posséder, même aux plus folles ardeurs de son amour, elle était là, sans résistance, tout à lui, plus belle que jamais; cet horizon, formé des murs d'une prison qui n'avait pu glacer son cœur, s'était abattu sous ses mains; maintenant un horizon plein de soleil et d'espace se déroulait sous ses yeux ravis. Il n'était qu'au lendemain du premier beau jour, à l'aurore du bonheur, au printemps de l'amour.

Cependant il y avait dans cet amour un fonds d'amertume dont il ne pouvait se défendre; une volupté triste et douce comme la mort, fatale et attrayante, pleine d'enivrements et d'inquiétudes.

Un rayon de soleil frappa soudain la fenêtre et descendit jusqu'au pied du lit.

— Voilà le soleil qui se lève, je puis éveiller Marie, dit Henri en détournant d'une main légère les longs cheveux de son amante.

Il se pencha au-dessus d'elle, et tout enivré déjà du baiser qu'il voulait lui prendre, il appuya ses lèvres émues sur les lèvres de Marie; mais au même instant il eut un mouvement d'effroi, il détacha ses lèvres glacées.

— Marie! Marie! s'écria-t-il tout pâle, et tout attéré.

Il ne fut pas longtemps à douter de son malheur, il vit bien qu'elle était morte.

Il lui prit les mains, il la souleva dans ses bras, il l'appuya sur son cœur, il pleura, il pria; enfin il fit tout ce que lui inspira la passion la plus tendre, la douleur la plus désespérée. Marie était morte, ses baisers et ses larmes n'y pouvaient rien.

Durant plus d'une heure, il demeura penché au-dessus d'elle, l'œil hagard, sanglotant sourdement, la couvrant de ses beaux cheveux, lui parlant de sa tendresse.

— Où suis-je donc! se demanda-t-il tout à coup; tout cela n'est qu'un songe.

Il leva les yeux; il vit sourire les fraîches paysannes de la tapisserie, les Amours bouffis des dessus de portes; il vit sourire le ciel bleu par la fenêtre. Il croyait rêver encore, tout dépaysé par l'ameublement de la chambre. Mais il entendit bientôt dans le corridor deux servantes du château qui parlaient à voix basse.

— O mon Dieu! reprit-il en se jetant hors du lit, c'est donc fini! Mais que vais-je faire, moi? pourquoi est-elle morte? comment est-elle morte?

Comme il venait de s'approcher de la cheminée, il découvrit la lettre que Marie avait écrite autant avec ses larmes qu'avec l'encre fatale : il saisit cette lettre avec un douloureux éclair de joie curieuse ; il la déchiffra d'un œil troublé, tout défaillant comme s'il allait mourir lui-même ; chaque mot de ce cruel adieu le frappait au cœur d'un coup mortel.

« Que vous écrire, Henri ? je vais mourir. Mourir quand, après tant de tortures, grâce à vous j'allais revivre de ma belle vie ! Mais ne vais-je pas revivre là-haut en vous attendant ? Oui mourir, car je le puis à cette heure que votre noble amour m'a revêtue de ma robe de lin, à cette heure qu'une larme de vos yeux est tombée sur mon cœur. Oh ! Henri, pardonnez-moi ; n'allez pas maudire celle que vous avez bénie ! ne regrettez pas de m'avoir aimée, car, avec votre amour, je vais paraître devant Dieu, qui accueillera la pauvre repentante dans sa miséricorde. J'ai tant souffert en ce monde qu'il m'en sera tenu compte dans l'autre. Mais vous êtes mon premier sauveur, vous. Il a fallu tout votre noble amour pour attendrir les juges d'ici-bas ; ils ont pardonné à celle qui inspirait une si grande passion. Ah! pourquoi ne pas vivre dans toutes les joies bénies de cet amour? Non, non, j'ai toujours été fatale à qui m'a aimée. Il faut mourir, car qui sait si bientôt vous ne verriez pas le fond de l'abîme où vous êtes descendu pour moi? Alors je ne serais plus pour vous qu'une chaîne de fer. Je pourrais répondre à votre douleur : vous l'avez voulu ; mais non, j'ai pitié d'un noble cœur égaré. Qu'aurai-je à vous donner pour tant d'amour ? une âme flétrie, toujours inquiète des égarements du passé. Hélas! je vous ai aimé, je meurs en vous aimant, mais je sens bien que déjà je n'ai plus la force d'aimer. Il a fallu que votre âme vienne jusqu'à mon cœur pour y ranimer le feu divin. Sachez-le bien, Henri, dès que vous avez parlé

de m'épouser, j'ai songé à mourir ; mais j'y ai songé avec une vraie volupté : mourir dans votre amour, mourir regrettée par un grand cœur, moi, maudite de tout le monde, que pouvais-je espérer de plus beau ? Vous m'avez donné votre nom, notre mariage a été pour moi un autre baptême, le baptême de l'absolution. C'est là tout ce que j'attendais de la vie, avec un baiser de vos jeunes lèvres sur mon front : ce baiser, n'est-il pas un diadème sacré ?....
J'ai pris de l'opium il n'y a qu'un moment, et déjà je me sens tout abattue. O mon Dieu ! donnez-moi la force de bien mourir. Henri, Henri, je n'ose plus retourner auprès de vous, je vous glacerais. Pauvre enfant ! voilà une triste nuit des noces. Je n'ai plus longtemps à vivre : adieu, adieu ! Cette lettre est mon testament ; ma volonté est que vous viviez sans me plaindre, mais pour défendre ma mémoire. Pauvre Henri, quand vous allez vous réveiller, vous

serez seul, seul, en face d'une morte. Je vous demande un dernier baiser sur ces longs cheveux que vous aimez tant. Ensevelissez-moi vous-même avec le portrait de ma mère. Adieu, adieu !

« Marie. »

XVI

Marie fut enterrée au château de Montreuil. Après quelques jours de sombre tristesse, Henri retourna dans sa famille. Il ne se consola pas. Il revint à Paris au bout d'un an pour vivre de plus près dans ses tristes souvenirs. Il mourut avant son vieil oncle le chanoine. A ses derniers jours il reprit assez de force pour aller au château de Montreuil cueillir un peu d'herbe amère sur la tombe de Marie.

Il a paru cet été dans les journaux reproducteurs, sous ce titre : *Marie de Joysel*, une copie maladroite de ce roman. Ces fragments où l'art et le style n'étaient plus pour rien, étaient donnés comme traduits de l'anglais, sans nom d'auteur. L'écrivain anglais qui avait traduit *Marie de Joysel* du français, avait oublié de citer l'auteur. C'était plus commode sans doute ; du moins voilà ce qu'a dit le traducteur français qui peut-être avait tout simplement *traduit* du français : N'est-ce pas ici la place de reproduire ces lignes de la Revue de Paris, sur ces industries littéraires.

« Si Voltaire revenait parmi nous, il serait bien forcé d'ajouter plus d'un chapitre à ses *honnêtetés littéraires*. En effet, jamais la république des lettres ne fut en France mise au pillage comme de nos jours, jamais l'antique et pure religion de l'art ne fut profanée avec tant d'impudeur. Est-il donc écrit que la dignité des lettres ne sera qu'un vain mot? Où trouver une plume fière et libre qui résiste aux entrepreneurs de la presse, ceux-là qui ouvrent effrontément boutique sur rue, parce qu'ils ne savent ou ne peuvent plus que faire? Plus d'une fois, nous avons protesté, à peu près seuls, contre ces industriels littéraires qui cotent l'esprit français à tant la ligne, qui s'en vont spéculant sur telle imagination ou tel style. Qu'arrive-t-il? Il arrive que les hommes de lettres, ceux-là même que la conscience ou l'orgueil du talent devraient mettre le plus en garde contre de pareilles entreprises, se laissent aller peu à peu à l'appât du gain. Le mot est dur à dire et dur à entendre, ils se donnent à tout prix et au premier venu. Aussi voit-on tous les jours des noms qui auraient pu rester glorieux s'afficher en bonne ou mauvaise compagnie dans une foule de journaux ou de publications dites pittoresques que rien ne recommande. Si le vieux Pierre Corneille, cette âme romaine et ce cœur franc, vivait de notre temps, croyez-vous qu'il s'enrégimenterait dans une pareille cohue? Non, il répondrait aux charlatans de la presse : « Laissez-moi raccommoder mes chausses en paix. » Comme autrefois, sa vraie fortune serait la gloire. Que ceux qui sont poétiquement doués y prennent garde! A force de courir après les glorioles de chaque jour, à force de s'éparpiller çà et là dans tout ce qui passe au soleil, ils flétrissent les fleurs du printemps sans laisser au fruit le temps de s'attacher à l'arbre. Que d'arbres qui ont leur floraison et qui seront stériles à l'heure où les fruits mûrissent! Qu'ils le sachent bien, ces enfants prodigues de la presse, le temps est pour quelque chose dans l'œuvre de l'homme. « Mes œuvres, disait fièrement Scudéry, ne me coûtent rien. — Aussi, lui répondait Boileau, elles valent ce qu'elles coûtent. » Cependant, jamais peut-être à aucune époque la France n'avait donné tant d'espérances aux lettres; mais, du train dont on y va, il n'y aura eu que des espérances, le métier envahissant l'art, la boutique remplaçant le cabinet du penseur. Toutefois il ne faut pas désespérer : si nous indiquons le mal sans périphrase, c'est que nous savons que ceux-là qui s'abandonnent le plus vite sont aussi ceux qui reviendront le plus tôt.

« A propos *d'honnêtetés littéraires*, signalons une plaie qui s'aggrave chaque jour, depuis que les gens d'affaires se sont jetés sur la presse : nous voulons parler du pillage littéraire. On fait un journal en réimprimant, sans l'aveu ni de l'auteur, ni du recueil, les articles de la *Revue de Paris* d'il y a dix ans, ou des fragments de livres plus récents. D'autres fois comme on ne peut avoir d'articles originaux d'écrivains qui se respectent, on trouve tout simple de traduire ces articles de l'anglais, de l'allemand, ou même du *français*, ce qui peut paraître invraisemblable. Ainsi, pour ne citer qu'un exemple, il n'y a pas un an, la *Revue de Paris* a publié un roman de M. Arsène Houssaye, *Marie de Joysel*; à l'heure qu'il est, les journaux qui vivent de pillage font reparaître ce roman, qu'ils donnent comme traduit de l'anglais. C'est la même histoire, alinéa pour alinéa; seulement M. Houssaye l'avait écrite en français; mais l'honnête traducteur qui est allé la chercher au-delà du détroit, l'a défigurée de la plus étrange façon. Sous sa plume, le roman s'est fait mélodrame; le gros style a remplacé les délicatesses du langage. »

LA FILLE A MARIER.

I

Que votre esprit me suive dans les Ardennes, à Ravenay, une petite ville ni trop ennuyeuse ni trop babillarde, dans un paysage couvert de bois. Malgré l'attrait de cette nature tout à la fois pittoresque et souriante, arrêtons-nous dans la petite ville, à cette jolie maison d'un notaire où il y a une fille à marier. Vous le voyez, je ne suis pas de ceux qui prennent des titres de fantaisie.

L'histoire commence à nouer son écheveau avant juillet 1830. D'abord, disons un mot des personnages ; vous devinez quels personnages : le notaire, sa femme, sa fille, son clerc et accessoires. Le notaire s'appelle M. Desmont, c'est un brave homme de cinquante ans, un peu ventru, un peu patriote, un peu voltairien. Il a de l'esprit parci-ci par-là, il sait tourner un couplet agréable à la façon de Parny. Il a servi quinze jours durant en 1814, ce qui lui a donné pour toute sa vie un certain air martial qui n'effraie personne. Il lit tous les matins *le Constitutionnel* ou *le Courrier Français*. Naguère il plaçait son ambition dans son étude, il mettait sa gloire à débrouiller les affaires de son terroir; mais ce petit horizon commence à lui paraître insignifiant; la politique lui tourne la tête; il a osé déjà une ou deux fois rêver le bruit enivrant de la tribune, mais il n'a confié ce rêve téméraire à personne; car, en effet, comment un esprit modeste comme lui peut-il tenter une gloire si périlleuse? Il n'a pas de nom, il n'a pas d'éloquence, il aime son pays; mais à la tribune cet amour est compté pour rien. Et d'ailleurs comment arriver à la tribune? par quel chemin semé de pierres et bordé d'épines aller affronter ce capitole, qui est presque la roche Tarpéienne? Il est déjà du conseil d'arrondissement; il espère devenir au premier jour conseiller de préfecture : c'est un homme célèbre à dix lieues à la ronde; il a écrit sur l'économie et sur les routes départementales dans le journal du pays; il a adressé une épître à Béranger en strophes triomphantes qui ont été chantées à un banquet national; dans un voyage à Paris, il a dîné avec le général Foy. Vraiment notre notaire était sur le droit chemin des glorioles et des tracas politiques. Aussi se plaignait-on, dans les communes soumises à son *pardevant*, de son insouciance pour les petites affaires. C'était d'ailleurs le modèle des maris. Les jours de gala, il improvisait des couplets sur les tours qu'il jouait à sa femme avec les veuves à consoler; mais nul n'ajoutait foi à ses couplets, pas même sa femme.

Pour madame Desmont, c'est une grande femme sèche et glaciale qui n'a jamais séduit personne, pas même son mari. Elle passe gravement ses jours dans l'ennui de la province, ne songeant pas qu'on puisse s'amuser autrement. Elle suit les modes à deux ans de distance régulièrement; d'après cela, ne la croyez pas coquette, son seul but est de faire honneur à sa maison. Elle est toujours occupée à ranger et à déranger son linge; le moindre accroc fait sa douleur; les jours de lessive sont ses jours de joie. Cependant elle n'est pas entichée de son ménage au point de négliger les devoirs du monde; elle fait des visites et elle reçoit. Durant l'hiver, elle ouvre ses salons aux cinq joueurs et joueuses de whist de Ravenay. Cependant, si elle reçoit tant de monde, c'est un peu eu égard à sa fille, qui aura bientôt vingt et un ans. En bonne mère, madame Desmont a compris que son vrai rôle ici-bas était de marier sa fille, opération grave, hérissée d'obstacles et de difficultés. Après tout, marier une fille qui n'a pas vingt et un ans, c'est la chose du monde la plus simple. Voyons donc cette fille à marier.

Par malheur, c'est un peu le portrait rajeuni de sa mère; grande, sèche, pâle, maussade, tirée à quatre épingles, provinciale jusqu'au bout des ongles. Une Parisienne ferait peut-être valoir cette figure assez bien éclairée par le front et les yeux; mais ce front ne sait pas rêver, ces yeux ne savent pas regarder, cette bouche ne sait pas sourire; pourtant il y a dans cette bouche des dents fines et blanches. Et ces cheveux brunissants, pourquoi ne sont-ils pas mieux bouclés ? Et cette robe, pourquoi cache-t-elle la souplesse de ce corsage ? Et ces pieds, pourquoi sont-ils si mal chaussés ? Madame Desmont, faites-moi danser, courir, chanter votre fille, ou, si vous voulez, faites qu'elle ait, elle aussi, son grain de coquetterie. Oui, mais voilà ce que vous ne voulez pas, car vous dites que votre fille Artémise est une fille bien élevée. Il y paraît ! Bien élevée, soit ; mais pour Dieu faites qu'à vingt ans onze mois et quelques jours elle n'ait plus l'air d'une pensionnaire attendant pour rire, danser, courir, crier, l'heure de la récréation.

Vous commencez à comprendre pourquoi mademoiselle Eudoxie-Artémise Desmont, âgée de vingt ans onze mois et quelques jours, est encore une fille à marier. Quelques galants sont venus, mais, par un grand hasard, ces quelques galants voulaient épouser une femme tout autant qu'une dot. Madame Desmont ne perdait pas patience; elle répétait tous les jours directement ou indirectement cette sentence à sa fille : Tout vient à point à qui sait attendre. Mademoiselle Artémise trouvait que c'était attendre un peu longtemps; elle cachait à peine son dépit; elle accusait le ciel et la terre.

Ses plaintes n'étaient pas même entendues par le clerc de M. Desmont. Cet autre personnage était par extraordinaire un garçon d'esprit, d'une figure à la fois douce et fière. Il devait le jour à un vigneron de la Champagne, qui n'avait pu faire grand'chose de plus pour lui. Eugène Aubert était entré, très jeune encore, dans une étude voisine de Ravenay; le peu qu'il savait, il l'avait appris là, par échappées, entre une liquidation et un contrat de mariage. Comme les enfants du peuple, qui doivent tout ce qu'ils ont à eux-mêmes, il n'avait eu garde de perdre une heure dans l'oisiveté. S'il n'étudiait plus, il rêvait; le rêve est plus haut placé que l'étude : par ses rêves, il s'élevait donc au-dessus des savants de collége. Il n'avait garde d'aller trop loin dans la science humaine, il bornait sa pensée dans un horizon raisonnable, il voulait devenir digne d'une créature de Dieu; mais en même temps il voulait vivre dans le monde, vivre avec l'esprit et le cœur, mais vivre avec le travail. Il était affable et bon, un peu démocrate par instinct, parlant au pauvre client en haillons avec autant de respect qu'au richard qui passait à cheval. Tout le monde l'aimait. C'était presque le juge de paix du canton. Depuis les rêves politiques de M. Desmont, une affaire n'était jamais conclue sans que le clerc y eût passé. Il avait une éloquence naturelle qui entraînait toutes les parties quand il y avait débat.

— C'est bien dommage, dit, le 25 juillet

1830, M. Desmont à sa femme, c'est bien dommage que ce garçon-là n'ait pas un sou vaillant. Un joli garçon, de bonnes allures.

— Allons donc, répondait madame Desmont, cela n'a pas de naissance. Je le vois toujours arriver ici avec ses chemises de grosse toile et son habit râpé.

— Ce raisonnement-là n'a pas le sens commun : des chemises de grosse toile ou des chemises de toile d'araignée, cela ne fait rien à l'affaire. Et puis ne dirait-on pas que tu es la fille d'un prince? Tu as beau dire, les hommes sont égaux sous le soleil.

— Allons, allons, reprit madame Desmont avec dépit, te voilà encore professant tes maximes républicaines, à l'heure où la noblesse reprend racine mieux que jamais.

— Nous verrons, nous verrons, madame Desmont ; la fin fera le compte de tout le monde. Votre M. de Polignac, que vous défendez sans raison, ne tiendra pas toujours les rênes de l'État.

— Ne parlons pas politique M. Desmont, vous n'y entendez rien du tout ; mais songez que votre pauvre Artémise aura vingt et un ans dans huit jours ; songez que, depuis un mois, il ne s'est présenté, j'en rougis encore, que ce petit huissier de Sédan. Voulez-vous que je vous dise, M. Desmont, vous faites bien les affaires des autres, mais les vôtres...

Que le diable, on ne marie pas une fille comme cela ; c'est un acte difficile quand les contractants ne sont pas d'accord. C'est un peu ta faute, d'ailleurs ; ta fille n'est pas tout à fait à la mode.

— Ma fille n'est pas tout à fait à la mode ! Elle ne porte jamais ses robes plus d'une saison, et encore elle en a deux à la fois. Pour ses chapeaux, c'est autre chose ; la marchande de modes ne va qu'une fois tous les deux ans à Paris. Je ne puis pas faire venir des chapeaux par la poste. Revenons au point de départ : il faut marier Artémise ; elle est jeune, bien élevée ; une dot de cinquante mille francs, un trousseau de douze douzaines de chemises et tout à l'avenant ; rien n'y manque.

— Non, rien du tout, dit le notaire en s'endormant, il n'y manque rien... si ce n'est le mari.

II

Les choses en étaient là quand éclata la révolution de juillet. Tout le bourg de Ravenay fut sens dessus dessous ; M. Desmont, qui était le maire de la commune, assembla gravement ses conseillers ; il se prépara dignement aux luttes politiques, il pérora une heure durant sur les bienfaits et les malheurs des révolutions.

— Tout cela est bel et bon, dit un rustre ennuyé du discours; vous écrivez comme un notaire et vous parlez comme un procureur, c'est connu; mais nous aurons beau dire, ce ne seront que paroles en l'air. Voyez donc quel bon soleil ! voilà notre politique. Allons faucher nos blés qui dépérissent depuis hier, voilà mon opinion. Que Pierre ou Jacques se débattent à Paris, je n'empêche pas cela, mais je m'en lave les mains.

— Songez-y bien, messieurs, vous qui êtes les représentants de votre pays; si jamais le char de l'État venait à verser, vous auriez plus d'un écheveau à débrouiller avec les étrangers; le Russe et l'Anglais se donneraient la main pour nous enchaîner. Prenez garde à la sainte-alliance! que deviendraient alors vos belles moissons, vos luzernes et vos betteraves? Les lois de la guerre sont terribles..

M. Desmont suait à grosses gouttes.

— Le Russe et l'Anglais, dit un conseiller, qu'ils y viennent un peu ! En attendant, je suis de l'avis du préopinant ; mon opinion est qu'il faut aller faucher nos froments, qui s'égrènent déjà.

En dépit du maire la séance fut levée. Il rentra tout bouleversé à son étude.

— Il n'y a rien à faire avec ces gens-là, dit-il à sa femme.

— Prends garde de t'avancer trop loin.

— Un patriote doit toujours être à l'avantgarde. Que diable ! on se doit à son pays et à son opinion ; qui sait si la destinée ne m'appellera pas à jouer un rôle sur le vaisseau de l'État?

— Où l'ambition va-t-elle se nicher? c'est à faire pitié. Quand on habite Ravenay, on plante des choux.

A cet instant un politique du pays apporta un fragment de journal :

— C'est fini, dit-il avec regret, nous n'aurons pas encore de république : le duc d'Orléans daigne se sacrifier; il sera roi des Français.

Après de mûres réflexions, M. Desmont s'écria : Vive le roi des Français ! Il rentra à son cabinet, tailla sa plume et rédigea, pour le journal du crû, un *premier-Sédan* sous ce titre : *Ce que nous avons fait, ce que nous devons faire.* L'article parut; il eut du retentissement; un journal de Paris le reproduisit; enfin il acheva de tourner la tête au brave notaire.

— Ma femme, dit-il un matin en s'éveillant, tu ne sais pas à quoi j'ai pensé cette nuit?

— Oh! mon Dieu, vous pouvez bien garder vos secrets. A quoi donc avez-vous pensé?

— Toujours pleine de bonne grâce, murmura le notaire.

— Eh bien! je vous écoute.

— J'ai pensé à me mettre sur les rangs...,

— Toujours la même chanson, interrompit madame Desmont; vous feriez bien mieux de songer à marier votre fille.

— Aussi est-ce pour la marier que je veux tenter...

— Ah çà! qu'est-ce que vous voulez dire? vous voulez vous mettre sur les rangs : pourquoi donc, s'il vous plaît? Vous faut-il encore des honneurs? N'êtes-vous pas membre correspondant de l'académie de Saint-Quentin? Est-ce que vous songeriez, par exemple, à vous mettre sur les rangs pour l'académie française?

— Je songe, dit le notaire en rongeant son frein, je songe à être député. — Tant pis, voilà le grand mot parti, pensa-t-il en s'éloignant un peu de sa femme.

— Elle se souleva avec indignation :

— Député! et c'est à moi que vous osez dire cela.

— Eh bien! oui, député, reprit le notaire tout tremblant, mais résolu à braver les tempêtes conjugales. Une fois député, je marierai ma fille; il y a bien assez longtemps que je suis notaire, je veux faire une fin; et dans ce but je donne dimanche un banquet à mes amis — qui sont électeurs. — C'est par dévouement que je fais du bruit; en parlant de moi, on pensera à ma fille.

Après quatre jours de conciliabules, M. Desmont finit par s'entendre avec sa femme, mademoiselle Artémise aidant.

Le banquet eut lieu; il fut brillant, on y porta des toasts à tout le monde. Le notaire aveuglé par les fumées du vin et les fumées de la gloire, se vit déjà porté en triomphe. Dès qu'il fut seul avec sa femme, il l'embrassa sur les deux joues avec une tendresse rajeunie:

— Le sort en est jeté, le courant des choses m'entraîne malgré moi à la tribune; j'ai eu un beau moment dans mon toast à la liberté.

Madame Desmont avait, sans y prendre garde, mordu un peu à la pomme de l'ambition ; elle ne contraria plus son mari que par habitude.

— Mais, au bout du compte, dit-elle tout à coup, on ne peut pas être député et notaire.

— J'y ai bien pensé, dit M. Desmont en hochant la tête ; mais à qui vendre mon étude ? je ne veux pas la vendre au premier venu. Écoute, ma chère amie, voilà le fond de ma pensée : je voudrais céder mon étude au mari de ma fille, c'est-à-dire ma fille moyennant mon étude, ou mon étude moyennant ma fille.

— Ce que vous dites là n'a pas le sens commun. Comment ! votre fille, selon votre raisonnement, serait la quittance de votre étude ?

— Ni plus ni moins. Je connais quelqu'un qui ferait à merveille cette affaire-là.

— N'allez-vous pas encore me parler de votre M. Aubert? Donner votre fille à un simple clerc!

— Mais, ma chère, en lui cédant l'étude, M. Aubert serait notaire.

— Voilà qui est raisonné en homme prévoyant. Et si, une fois notaire, votre M. Aubert ne songe pas à Artémise?

— D'abord, je crois qu'il y songe déjà; ensuite la force des choses le conduira tout droit à ce mariage. D'ailleurs je ne vois pas dans notre horizon un seul homme plus digne d'Artémise.

— Vous avez beau dire, donner Artémise à un garçon sans fortune, cela fera jaser bien des gens de nos amis.

— D'un autre côté, dit le notaire, donner ma fille à un pauvre enfant du peuple, n'est-ce pas un acte de patriotisme dont on me tiendra compte, aujourd'hui que l'égalité est à l'ordre du jour? Tout bien considéré, voilà ce que nous avons de mieux à faire. Appelle ta fille dans le jardin, consulte un peu son jeune cœur, parle-lui vaguement d'Eugène Aubert : enfin, tu sais mieux que moi comment il faut la prendre pour avoir son avis.

III

Madame Desmont, fière de son rôle, appela sans plus tarder sa fille dans le jardin. Artémise vint gravement avec une corbeille, croyant qu'il fallait cueillir des fraises pour le dîner.

— Il s'agit bien de fraises, dit madame Desmont en se déridant un peu. Écoute, Artémise, c'est ta destinée qui est en jeu. Réponds-moi sans détour. Te plairait-il d'être la femme d'un notaire?

— Oh ! oui, maman, la femme d'un avoué, d'un notaire, d'un procureur du roi, d'un substitut, d'un conservateur des hypothèques.....

— Oui, je comprends, pourvu que ce soit un mari. Mais enfin tu n'as pas de parti pris?

— Mon Dieu, maman, vous le savez mieux que moi. On prend un parti, quand un parti se présente.

— Et s'il se présentait un jeune notaire pour acheter notre étude et pour t'épouser?

Artémise eut un sourire de béatitude.

— Ah! petite espiègle, tu te garderais bien de dire non.

— Je ne dis ni oui ni non, murmura Artémise. Si je voyais le prétendant, à la bonne heure.

— Eh bien! si le prétendant était à peu près comme M. Aubert?

Artémise avait rougi.

— À merveille; nous en reparlerons. Va cueillir des fraises. A propos, ne te faudrait-il pas une robe d'organdi? — Non, non, c'est du superflu, poursuivit la femme du notaire en retournant vers son mari. Il n'y a pas tant de frais à faire pour plaire à celui-là.

— Dès que le notaire fut au courant, il alla à l'étude, où Eugène Aubert était seul. En voyant venir la figure épanouie de M. Desmont, son clerc s'imagina qu'il était encore question des affaires du gouvernement.

— Est-ce que vous avez reçu le journal, M. Desmont, lui demanda-t-il par la fenêtre.

Le notaire ne répondit pas, il entra en silence dans l'étude, il passa dans son cabinet en faisant signe à Eugène Aubert de le suivre. Il lui dit de s'asseoir, traça quelques chiffres sur un dossier, regarda son calendrier et prit ainsi la parole :

— Eugène, j'ai à vous entretenir d'une affaire très grave : je vais, vous le savez, me présenter à notre collége électoral; mais ce que vous ne savez pas, c'est que je vous vends mon étude.

— Vous ne parlez pas sérieusement? dit Eugène surpris.

— Trés sérieusement ; je vous cède mon étude moyennant soixante mille francs, vous voyez que je ne vous fais pas de grâce. Vous me donnerez dans six mois un à-compte de cinquante mille francs; pour le surplus je vous accorderai un délai indéfini. Je sais bien que votre père ne peut répondre de rien, mais une hypothèque sur vous est une bonne et valable hypothèque.

— Mais, monsieur, dit Eugène, je ne possède pas un sou vaillant; je n'ai rien que ma parole, et je ne veux pas risquer le peu que j'ai.

— Vous ne savez ce que vous dites. Moi, qui

vous parle, j'ai acheté mon étude sans autre argent comptant que ma bonne volonté. Dieu ne laisse jamais en chemin les hommes de bonne volonté. Donnez-moi votre main, et que tout soit dit.

Eugène ne résista pas plus longtemps. L'offre du notaire était un coup du sort. C'était la fortune qui venait s'asseoir à sa porte. D'ailleurs Eugène était un peu fataliste, il trouvait un charme nonchalant et mélancolique à s'abandonner au cours des choses.

— Dormez sans inquiétude, reprit le notaire ; avant six mois vous aurez trouvé, sans chercher bien loin, les cinquante mille francs en question.

A cet instant Eugène détourna le rideau de la fenêtre comme par pressentiment. Cette fenêtre donnait sur une petite avenue de platanes où les trois ou quatre oisifs du bourg avaient coutume de se promener. C'était une charmante promenade en belle vue, d'où on découvrait un paysage des plus variés. Il s'y trouvait des bancs de gazon bien ombragés ; deux haies touffues secouaient leurs parfums rustiques de chaque côté, le bouvreuil y jetait çà et là sa note perlée, l'hirondelle son cri aigu, le coq son chant superbe.

— Ainsi donc, poursuivit le notaire, dès demain faites venir votre père... Mais vous n'écoutez pas ce que je vous dis. Pourquoi diable regardez-vous par la fenêtre ?

— Je vous écoute, dit Eugène tout ému en se retournant vers M. Desmont ; mais, tout bien considéré, je ne veux pas être notaire.

IV

Eugène Aubert avait regardé par la fenêtre parce qu'il avait entendu la voix d'Éléonore. Qu'est-ce qu'Éléonore? C'est une jeune et jolie fille; or, on regarderait à moins par la fenêtre.

— Ah! vous ne voulez pas être notaire? s'écria M. Desmont en regardant Eugène en face; pour quelles raisons, s'il vous plaît?

— Pour d'assez mauvaises raisons, répondit Eugène avec un sourire inquiet; mais vous savez qu'ici-bas on est toujours conduit, la bride aux dents, par de mauvaises raisons, à commencer par notre première mère...

— Il ne s'agit pas d'histoire ancienne, murmura le notaire, qui voyait avec un peu de dépit le sourire de son clerc. Vous êtes un enfant, j'espère que vous vous raviserez, je vous donne jusqu'à demain.

— Eh bien! j'y penserai, dit Eugène; je vais de ce pas me consulter en plein vent, si vous restez un peu à l'étude.

— Allez, allez, dit le notaire; pour les affaires sérieuses, la solitude est d'un bon conseil.

— Oui, oui, la solitude, dit Eugène en souriant.

Il alla sans détour vers l'avenue de platanes. Il atteignit bientôt Éléonore, qui s'avançait lentement comme uné amante qui arrive trop tôt au rendez-vous.

— Un contretemps fâcheux, lui dit-il en l'abordant, m'a presque empêché de venir aujourd'hui ; mais mon cœur avait entendu votre voix, mon cœur avait pris les devants.

Éléonore accueillit Eugène et son madrigal par le plus doux et le plus tendre sourire du monde.

— Un contretemps fâcheux ? dites-vous.

— Figurez-vous que M. Desmont... Mais je vous dirai cela plus tard.

— Tout de suite, Monsieur.

— M. Desmont veut me vendre son étude, à moi, qui n'ai rien, rien que votre amour.

— Et que lui avez-vous répondu ? demanda Éléonore en pâlissant.

— Je ne dois lui répondre que demain, mais ma réponse est toute prête : je refuse.

Éléonore, qui avait pris le bras d'Eugène, l'appuya tendrement sur son cœur.

— C'est très bien, dit-elle d'une voix émue, mais demain ne refusez pas, entendez-vous, Eugène? Je ne veux pas être une pierre d'achoppement dans votre vie; j'aurai de la résignation. Que voulez-vous, nous sommes dans le siècle d'argent, nous sommes pauvres tous les deux, nous nous aimons... à ce que vous dites, car moi je n'en crois rien...

Éléonore regardait Eugène avec deux beaux yeux bleus humides d'amour.

— Nous nous aimons, mais l'amour ne bat pas monnaie. Or, la fortune vient à vous; prenez la fortune, et, croyez-moi, laissez l'amour de côté.

— Jamais, Éléonore. Je sais bien que par les écus on joue un grand rôle ici-bas, mais n'est-il pas un plus doux rôle à jouer auprès de vous? Mon parti est pris; avec du cœur et de la bonne volonté, on n'est jamais pauvre, car on a Dieu pour soi.

Éléonore, touchée jusqu'aux larmes, se suspendit avec une grâce adorable au cou d'Eugène. Ils se promenèrent en pleine campagne jusqu'à la tombée de la nuit, perdus dans les joies de l'amour, heureux de toute chose, heureux de rien, heureux surtout de se voir et de s'entendre.

Le lendemain, quand M. Desmont entra dans l'étude, Eugène Aubert se leva d'un air résolu.

— Eh bien! lui demanda le notaire un peu inquiet, avez-vous réfléchi?

— Oui, monsieur; hier je me suis, deux heures durant, promené en pleine campagne, n'ayant d'autre pensée. Tout bien considéré...

Eugène ne put arrêter un soupir.

— Tout bien considéré, dites-vous?

— Tout bien considéré, reprit Eugène en

appuyant sur chaque mot, je serai notaire, si c'est toujours votre avis.

Depuis la veille, Eugène avait encore changé de résolution.

— A la bonne heure! Oui, vous serez notaire, et bon notaire. Je suis enchanté, pour mon compte, de votre détermination, car mon étude va tomber en bonnes mains. Savez-vous, maître Eugène Aubert, que je n'eusse pas vendu mon étude au premier venu? C'est un royaume comme un autre. Un notaire doit s'assurer que ses pièces seront loyalement gardées jusqu'à la troisième génération. Venez de ce pas, venez, que je vous présente à ma femme et à ma fille comme mon digne successeur.

Eugène suivit nonchalamment M. Desmont à la petite salle où se tenaient presque toujours sa femme et sa fille.

—Ma fille, dit M. Desmont en entrant, votre

père a déposé ses armes, c'est-à-dire ses plumes, ès mains de maître Eugène Aubert, ici présent et acceptant.

Mademoiselle Artémise s'inclina, en signe d'assentiment.

— Je suis touché au fond du cœur, dit Eugène après un gracieux salut, je suis touché de la confiance que M. Desmont a placée sur ma pauvre personne; un père ne ferait pas plus pour son enfant.

— Mais n'êtes-vous pas notre enfant? dit madame Desmont, qui espérait que les choses allaient marcher grand train.

— C'est étonnant, pensa Eugène, la révolution de juillet a bien changé les idées de madame Desmont; il n'y a pas six semaines qu'elle me parlait encore du bout des lèvres.

— Voyez-vous, Eugène, je puis tout vous dire, à vous, Je me suis réveillé un beau matin avec un petit grain d'ambition dans la tête; je me suis figuré, à tort ou à raison, que je devais être député. Que voulez-vous, chacun a sa marotte, ici-bas. Pour cela faire, je vous cède mon étude avec ma maison, et... tout ce qui s'ensuit.

Voyant qu'Eugène n'avait pas trop l'air de mordre au *tout ce qui s'ensuit,* le notaire jugea à propos de revenir sur sa phrase.

— Si vous ne tenez pas à ma maison, je la garderai; aussi bien, il m'en faut une, car, député ou non, je veux toujours avoir un pied à terre à Ravenay. Cependant, regardez-y à deux fois. D'ailleurs ne pourrions-nous pas, dans les premiers temps, trouver dans la maison assez de place pour nous quatre?

— Je vous laisse le maître de répondre à cette question; à coup sûr, je me trouverai très honoré d'avoir de pareils hôtes.

— Très bien; je vois que nous nous entendrons à merveille. Prenez mon cheval, allez chercher votre père; il faut que cette affaire soit poussée à bout en moins de trois semaines.

Dès qu'il fut sorti, M. et madame Desmont se regardèrent victorieusement.

— Eh bien! ma femme, vous voyez qu'on s'y entend; vous pouvez acheter le bouquet de fleurs d'oranger.

— Mais, encore une fois, s'il allait oublier Artémise?

— Impossible; il me faut cinquante mille francs dans six mois; où les trouverait-il, si ce n'est ici? Et puis, d'ailleurs, je ne risque rien dans cette affaire, après tout. Cette étude que je lui vends soixante mille francs, je n'en trouverais guère que cinquante mille francs auprès de tout autre; s'il n'épouse pas Artémise, il augmentera sa dot, mais je suis sûr du mariage.

V

Eugène Aubert passa à cheval au bout de Ravenay, sous une petite fenêtre à jalousies vertes, qui s'ouvrit à sa voix. Un vieux soldat à moustaches blanches le salua par une bouffée de fumée.

— Où diable allez-vous si matin, M. Aubert?

Eugène, un peu désappointé, lui répondit qu'il allait à Courthéry.

— C'est bien tombé, dit le capitaine Leroy; Éléonore est allée par là, vous la ramènerez en croupe. Bon voyage.

Eugène éperonna son cheval, tout en jetant un regard d'amour sur la jolie maisonnette, sur le jardin, sur la haie, partout où il avait vu Éléonore.

Trois semaines après, Eugène Aubert était notaire, M. Desmont était sur le point de mettre en avant sa candidature, madame Desmont s'occupait du trousseau, et mademoiselle Artémise était toujours à marier.

Le grand jour des élections, M. Desmont distribua un beau millier de professions de foi, et prononça un discours des plus pathétiques, de quelque vingt syllabes, sur les grandeurs du patriotisme. Il avait à lutter contre un avocat de Paris qui parlait bien, quoique avocat. La journée fut très orageuse; qui pour l'avocat, qui pour le notaire. L'un avait pour lui sa parole et son charlatanisme, l'autre son silence et sa bonne foi. Enfin, après un ballottage, le notaire sortit triomphant. Il partit bientôt pour Paris, fier du rôle qu'il n'allait pas jouer. Ses adieux furent déchirants.

— Je vous confie ma femme et ma fille, dit-il à Eugène ; il y a trop de bruit à cette heure à Paris pour que je songe à les emmener.

— Je vous en prie, Eugène, dit madame Desmont en pleurant, ne sortez plus le soir, selon votre coutume; si c'est pour vous promener, n'avez-vous pas les allées du jardin? De grâce, restez avec nous, ne nous laissez pas seules.

Quelques jours après, Eugène se promenait avec Eléonore au bout de l'avenue des platanes.

— Ecoutez, Eugène, dit la jeune fille avec contrainte, maintenant que vous êtes notaire, il ne faut plus nous voir, autant pour vous que pour moi.

— Eléonore, vous savez bien que je n'ai consenti à devenir notaire que dans la ferme espérance de vous épouser. Plus je vais, et plus cette espérance rayonne à mes yeux. Je suis en train de jouer mon jeu avec la destinée, donnez-moi le temps de me battre les cartes.

— Hélas! je vois trop le dessous des cartes dans votre jeu.

— Éléonore, point de mauvais présages! Prenez patience, le temps est plein de ressources; or, à notre âge, le temps est pour nous.

— Le capitaine me fait des remontrances; depuis que vous êtes notaire, il ne vous aime plus, il ne croit plus à vos bons sentiments. Comme tous les vieux soldats, il n'a que l'honneur pour lui, voilà pourquoi il regarde d'un peu près à l'honneur.

— J'irai lui parler et fumer de son tabac ; il me rendra son estime.

— Encore une fois, je suis une pauvre fille destinée au travail du peuple.

— Vous, Éléonore? Oh! non, il y a trop de noblesse sur ce beau front, trop de fierté native dans ces regards, trop de délicatesse dans ces mains adorées. Vous avez grandi dans la pauvreté, mais la pauvreté qui altère tout, n'a pas laissé d'empreintes sur vous. Vous êtes du peuple par votre cœur, par votre compassion, par vos élans de charité pour ceux qui souffrent ; mais, croyez-moi, vous êtes destinée à une meilleure place.

— Vous ne savez ce que vous dites, Eugène. Depuis quel temps la pauvre fille du peuple n'a-t-elle pas le privilége d'être belle, d'être fière par ses vertus, d'être noble par son amour ?

—N'en parlons plus. Ce que je vois de plus

clair dans tout cela, c'est que nous descendons tous les deux du bon Dieu en ligne directe, c'est que nous sommes faits l'un pour l'autre... Ne riez donc pas... C'est que nous nous aimerons jusqu'à la fin du monde.

— Ainsi soit-il, dit le capitaine Leroy en abordant Eugène.

C'était un vieux soldat de cinquante à soixante ans, ayant subi tous les désastres des guerres de l'empire. Depuis la bataille d'Eylau, il ne comptait plus ses blessures. Il vivait pauvrement à Ravenay, son pays, avec un petit majorat de mille francs. C'était un brave soldat et un brave homme. Il supportait la vieillesse assez gaiement, grâce à sa chère Éléonore. Il fumait, il se promenait, il cultivait un demi-arpent de jardin potager et fleuriste, il se reposait dans l'amour de la jeune fille, ne se plaignant pas trop d'être maltraité du ciel.

— Monsieur le notaire, reprit-il gravement, la femme de chambre de madame Desmont vous cherche partout.

— Et de quel droit? dit Eugène avec dépit.

— Il paraît qu'on est venu du Charmoy pour un testament. Allez, allez, monsieur le notaire, poursuivit le major avec un peu de sécheresse; allez, vous n'avez que faire avec nous, car je n'aurai pas à faire un testament, moi, et elle... vous ne songez plus au contrat de mariage.

— Il ne faut désespérer de rien, dit Eugène en tendant la main au major, pas même du testament, pas même du contrat de mariage.

Eugène monta à cheval, et piqua des deux vers le Charmoy.

— Nous veillerons jusqu'à votre retour, lui cria madame Desmont. — Dis-lui donc quelque chose d'aimable, murmura-t-elle aux oreilles de sa fille.

— Vous savez, monsieur Eugène, dit Artémise, vous savez que j'ai peur des morts quand vous n'êtes pas là.

Le testament à faire au Charmoy est une des pièces de notre histoire. Nous suivrons donc le jeune notaire jusqu'au lit de mort du testateur.

VI

Le Charmoy est un petit village de triste mine, habité par des bûcherons et des tisserands qui n'ont pas l'habitude de faire leur testament avant de mourir. Mais en tête du village, à côté de l'église, une petite maison bourgeoise était alors habitée par un vieillard qui, sans être bien riche, avait cependant quelques bribes de fortune. Ce vieillard, très aimé dans le pays, était un des braves invalides de l'armée d'Égypte, le commandant La Roche. Il avait vu périr ses trois fils autour de lui, sa femme l'avait abandonné pour suivre un aventurier; il ne lui restait, de toute sa famille, que deux arrière-cousins très connus à Mézières par leur fortune. Ils s'étaient enrichis par l'achat de la revente des bois de la couronne. En s'arrêtant à la porte, Eugène se demanda en faveur de qui le commandant La Roche allait faire son testament. Il trouva le commandant très près de sa fin.

— Eh bien! commandant, ayons donc courage : n'êtes-vous pas toujours sur le champ de bataille?

— Que voulez-vous? dit le commandant d'une voix éteinte, je n'ai plus que la mort à combattre, je n'ai plus le cœur de lutter; d'ailleurs, croyez-moi, la mort n'est pas mon ennemie, j'ai soixante-dix-sept ans sans compter les campagnes. Mais je crois que je n'ai pas trop de temps pour les paroles sérieuses.

Le commandant fit signe à sa garde et à son curé de le laisser seul avec le notaire.

— Écoutez-moi, reprit-il en se soulevant avec un peu de peine sur l'oreiller.

Eugène se rapprocha du lit avec cette triste et ardente curiosité qu'on a toujours pour les paroles d'un homme qui ne doit plus parler longtemps.

— M. Desmont m'a dit que son successeur était digne de la confiance de ses clients; je vous confie donc ce qui me reste à confier ici-bas. La fortune m'a été mauvaise, le peu de bon temps que j'ai passé, ç'a été sur les champs de bataille, au milieu de mes amis et de mes soldats. J'ai aimé une femme qui m'a trahi mille fois, la plus amère des femmes; elle m'avait donné trois fils pour consolation, les joies du père amortissaient les douleurs du mari;

mes trois fils sont morts, vous le savez. J'aurais moins de regrets si le plus jeune... le pauvre enfant! Ah! je ne le dis qu'à vous pour vous faire bien comprendre toute ma douleur, il est mort comme un lâche, mort en fuyant! Je l'ai vu tomber, il a levé vers moi un bras défaillant; mais, moi je ne fuyais pas, je combattais toujours; je n'ai pas pris le temps d'aller le relever, lui pardonner, et lui dire adieu. Enfin, j'ai été puni jusque dans ma gloire! Je ne sais plus pourquoi je vous dis tout cela; depuis que je vois la mort de près, toutes les douleurs de ma vie me reviennent à chaque instant comme si elles savaient que bientôt elles n'auront plus de prise sur mon pauvre cœur. Depuis 1815, j'ai achevé ma route à peu près seul au Charmoy. J'avais presque oublié ma femme, mais, dans les premiers jours de novembre, je reçus d'elle une lettre d'adieu où elle me demande le pardon de ses fautes avec des larmes de vrai repentir. La malheureuse femme a réveillé mon cœur encore une fois, j'ai oublié ses égarements; et voyez jusqu'où va la faiblesse humaine, moi, soldat de Napoléon, bronzé au soleil d'Égypte, endurci par le feu des Autrichiens et des Anglais, j'ai pleuré comme un enfant, j'ai baisé cette lettre d'adieu qui me vient de je ne sais où, de la Vendée, où la pauvre femme égarée est morte de misère. Dans cette lettre, elle me supplie de remettre à un enfant, qui lui vient d'un autre, une bague en diamant que Desaix lui avait donnée le jour de notre mariage, et, avec cette bague, *tout ce qui me reste d'elle.* Hélas! que me reste-t-il de cette femme, que j'ai adorée et maudite, que me reste-t-il si ce n'est le déshonneur? Le beau legs à faire à un enfant!

En disant ces mots, le moribond s'était singulièrement agité; un dernier élan de colère avait brillé dans ses yeux. L'amour trahi, la jalousie de l'époux, le délaissement où l'avait jeté son veuvage forcé, le souvenir de tous les chagrins subis pour sa femme, tout cela repassait dans sa mémoire comme autant de juges acharnés contre l'infidèle. A la fin, l'amour l'emporta, il essuya une larme, la dernière de ses larmes ! Il prit ainsi la parole d'un air de compassion :

— J'ai fait ce matin un testament olographe par lequel je lègue quarante-quatre mille francs à cet enfant si tristement recommandé. Mais voilà ce que j'attends de vous : je veux que ma famille ignore et le legs et le testament; les quarante-quatre mille francs, les voilà représentés par ces inscriptions au grand livre. La vieillesse est prévoyante; je possède cet argent, amassé à grand'peine, à l'insu de tout le monde.

Le moribond prit sous son oreiller sept inscriptions de rentes cinq pour cent; il les feuilleta, par habitude, et les remit au notaire.

— Ainsi donc, monsieur Aubert, je vous charge de ce legs difficile; gardez le testament parmi vos secrets; à ma mort, ne l'ouvrez pas et ne le faites pas enregistrer, je ne l'ai fait que pour vous mettre à couvert, pour...

— Mais, dit Eugène en hochant la tête, vous ne savez donc pas que je ne puis recevoir un testament avec une pareille destination?

— J'y avais pensé, dit le commandant; mais comment diable nous y prendrons-nous?

— D'abord, où est l'enfant en question? demanda l'avoué.

— Voilà ce que je ne sais pas. J'attends de jour en jour, espérant la voir arriver. Ma pauvre femme me dit dans sa lettre que sa fille viendra en son nom se jeter à mes pieds. C'est son image, m'écrit-elle; ah! monsieur, qu'elle était belle à vingt-cinq ans! J'espérais, en voyant la fille, avoir des nouvelles moins vagues de la pauvre mère; mais la fille n'est pas venue encore, demain peut-être il serait trop tard. Vous comprenez toute mon inquiétude et toute ma douleur. En post-scriptum elle me dit que, si je ne veux pas recevoir sa fille, je n'ai qu'à remettre la bague de Desaix et autres petites parures qu'elle m'a laissées, sans doute par oubli, chez le notaire de Ravenay, ou chez M. Rochat, à Mézières. Comme je vous connais mieux que M. Rochat, je vous choisis pour mon exécuteur testamentaire.

Le vieux commandant prit encore, sous l'oreiller, une petite boîte renfermant des bijoux ; il l'ouvrit et baisa la bague, tout en s'accusant de faiblesse.

— Voilà, monsieur Aubert ; ne condamnez pas un cœur trop tendre où l'amour n'a pu tout à fait se changer en vengeance. Je me venge à ma façon ; plus d'un esprit fort en rirait de pitié, mais je me venge pour moi-même et non pas pour les autres.

— Mais, encore une fois, mon cher monsieur La Roche, je ne puis recevoir un pareil testament avec la meilleure volonté du monde.

— M. Aubert, reprit le vieillard en lui saisissant la main, vous êtes homme d'honneur, on me l'a dit, et d'ailleurs cela se voit tout de suite; eh bien! soyez vous-même mon testament!

— Ah! commandant, quelle mission terrible vous me donnez là! Et si la jeune fille ne se présente pas?

— Au bout de vingt ans, vous remettrez cet argent à mes héritiers; vous leur ferez une histoire; du reste, quand il s'agit d'argent à remettre, on a toujours raison. Mes héritiers ne seront pas difficiles sur ce que vous leur direz. Mais je crois bien que la jeune fille se présentera. Voyons, c'est une affaire réglée, n'est-ce pas? Je puis dormir tranquille?

Et, disant ces derniers mots, le moribond

déchira le testament. Eugène Aubert, ne voyant là qu'un service à rendre, ne songea pas à refuser plus longtemps; il emporta les billets et les bijoux. Dans le chemin, il ne put s'empêcher de songer que, si Eléonore avait cela en dot, il l'épouserait sans plus tarder; mais Eléonore n'avait rien.

VII

L'hiver se passa assez tristement pour lui et pour elle ; il voyait avec effroi arriver le premier terme du paiement de l'étude. M. Desmont n'oubliait pas dans ses lettres de le tenir en garde là-dessus. Pour madame et mademoiselle Desmont, elles avaient toutes les illusions du monde sur Eugène. Cette petite lettre au député en dira plus que je n'en pourrais dire moi-même :

« Mon cher ami,

« Nous avons été bien heureuses en lisant ta dernière. Je vois bien que ta nouvelle dignité ne t'empêche pas de penser au bonheur des tiens. Rien de nouveau dans la maison. Le vent a emporté ces jours-ci la cheminée du salon; je t'avais bien dit que cette cheminée était bâtie à la légère. Le couvreur y travaille. J'avais renvoyé Annette pour ses cancans sur M. Eugène, mais j'ai fini par la reprendre en faveur de ses excuses. D'ailleurs je n'en trouvais pas d'autres. Ta chère Mimi commence à chanter bien gentiment sur la guitare. Cette pauvre enfant! son maître de musique ne vient plus; figure-toi qu'il demandait deux francs par leçon, comme dans une grande ville. J'y ai mis bon ordre. J'ai dit cela à M. Eugène, qui m'approuve fort. Comme il a quelque teinture de musique, il promet de lui servir de maître.

Voilà où j'en voulais venir. Hier il a beaucoup regardé Artémise, il nous a lu le récit du procès des ministre. Ces pauvres ministres! Ah! mon ami, ne sois jamais ministre, toi. A table, M. Eugène a beaucoup d'attentions pour ta fille; ils assaisonnent la salade à eux deux. Tu vois que les choses vont bon train. Voilà l'époque du premier paiement qui arrive; demande un congé de trois semaines; je suis bien sûre que tu ne retourneras pas sans avoir marié Artémise. On est très content d'Eugène dans le pays, l'étude ne perd pas, on a fait huit procès le mois dernier. Il ne manque à Eugène qu'un peu d'argent pour mettre tout sur un bon pied. On jase un peu sur son compte, on parle de l'amour qu'il a pour cette petite Eléonore, une fille de rien. Il faut bien que jeunesse se passe. Il a fait avant-hier une fort belle vente par expropriation. Je voudrais bien attendre le mariage pour faire la lessive. Adieu, je laisse un peu de place pour Mimi, avec laquelle je suis

« Eudoxie. »

« Cher papa,

« Nous t'attendons avec impatience; reviens bien vite, je te jouerai de jolis airs sur la guitare, avec M. Eugène. Maman t'a dit nos sentiments à cet égard. M. Eugène trouve que j'ai de la voix, qu'il faut la cultiver; aussi je chante depuis le matin jusqu'au soir en attendant. Je suis en train de faire deux paires de pantoufles pareilles, dont une pour toi et une pour quelqu'un que tu sais bien.

« Ta fille qui t'aime, Artémise. »

Le député ne put résister à ces deux lettres, il demanda un congé à la chambre pour affaires de famille; il revint par la malle-poste, ce qui fit dire par les envieux qu'il s'était vendu au pouvoir. Ce furent des larmes et des embrassements sans fin dans sa maison. Tout y fut sens dessus dessous ; on tua le plus beau chapon de la basse-cour, on invita au festin tous les dignitaires de Ravenay.

Eugène avait vu revenir M. Desmont avec une grande inquiétude ; à coup sûr il revenait pour toucher les cinquante mille francs du premier paiement ; or comment lui faire ce paiement? Le soir, au dessert, comme Eugène cherchait un biais pour se tirer d'affaire, il vint à penser au legs du commandant Laroche :

— C'est bien étonnant, se dit-il sans répondre à mademoiselle Artémise, qui lui demandait s'il prendrait du café, c'est bien étonnant qu'on ne se soit pas encore présenté pour me débarrasser de ce depôt. Après tout, si je voulais...

VIII

Le lendemain, de très bonne heure, le député entra dans l'étude. Eugène Aubert chantait gaiement un air d'opéra.

— Eh bien ! dit l'ancien notaire d'un ton engageant, où en sommes-nous ? Il paraît que vos affaires sont en bon chemin, puisque vous chantez au matin comme l'alouette insouciante.

— Les affaires ne vont pas mal, répondit Eugène en cachant une lettre d'Éléonore sous une liasse de papiers.

L'ancien notaire voulait l'amener tout de suite au chapitre de l'échéance :

— Voyons, contez-moi cela. Combien faites-vous d'actes dans votre mois? Mais à propos, vous n'avez pas songé à vous marier?

— Pas le moins du monde.

— Cependant il me semble que c'est l'acte le plus beau dans la vie d'un notaire, un acte dont les honoraires sont presque toujours magnifiques. Vous êtes joli garçon, vous avez de l'entregens, vous n'auriez qu'à tendre la main.

— Oui, mais par malheur il faut tendre la main et la refermer en aveugle.

— Je suis bien sûr, maître Aubert, que, sans aller bien loin...

Le jeune notaire interrompit à dessein le député.

— Je sais bien que, par le mariage, la dot aidant, je me trouverais fort à mon aise dans cette étude ; mais ne serait-ce point quitter un peu de souci pour prendre beaucoup d'ennui.

— Mais enfin, dit le député avec une certaine inquiétude, il faudra bien que vous finissiez par en passer par là. Que diable! on ne se marie pas tout à fait pour s'amuser ; comment aurais-je payé mon étude sans le mariage, moi?

— Je vous comprends, dit Eugène fièrement; et moi, monsieur, je n'ai pas grand cœur pour un pareil mariage.

— Allons, allons, voilà de la dignité mal placée; c'est de l'enfantillage. En vérité, Eugène, je vous croyais plus raisonnable; mais patience, avant huit jours vous ne chanterez peut-être plus sur la même gamme.

L'ancien notaire n'avait pu réprimer un sourire ironique, le sourire de l'homme d'argent pour l'homme qui n'a que du cœur.

— Dans huit jours, dit le jeune notaire avec beaucoup de calme apparent, il n'y aura rien de changé, si ce n'est que je vous aurai payé les cinquante mille francs de la première échéance.

— J'y compte, dit le député.

Il retourna vers sa femme tout abattu et tout désespéré.

— Je vous l'avait bien dit, monsieur.

— Et moi qui lui faisais des pantoufles, murmura Artémise en pleurant.

La scène fut des plus pathétiques. On s'épuisa en vaines recherches pour découvrir comment Eugène trouverait les cinquante mille francs. Était-ce par un mariage ? Il n'en était nullement question dans le pays. Avait-il hérité ? avait-il touché un usurier ? allait-il prendre tout simplement dans le sac de ses clients?

—Nous verrons, nous verrons, dit M. Desmont; qu'il s'avise un peu de marcher hors de son chemin!

On se fit bonne figure, on se cacha, l'un son dépit, l'autre son inquiétude. Le jour de l'échéance, Eugène laissa venir le député. Comme au déjeûner Eugène n'avait encore parlé de rien, M. Desmont dit à madame Desmont :

— Je crois que ce diable d'homme se moque de nous ; mais je ne me paie pas de cette monnaie-là ; il me faut aujourd'hui même les cinquante mille francs.

— Et les intérêts! dit madame Desmont avec aigreur.

Le député alla droit à l'étude, de l'allure d'un homme décidé à quelque grand coup d'état ou à quelque grand discours.

— M. Desmont, lui dit Eugène en se levant, il me reste à vous remercier de toute votre bonne volonté pour moi. Voilà les cinquante mille francs ; mais je m'acquitterais mal si je n'y joignais toute ma reconnaissance.

Le député ouvrait les oreilles, les yeux et la bouche.

— D'abord, reprit Eugène en secouant des inscriptions de rentes sur l'état, voilà quarante mille sept cent soixante-dix-sept francs, y compris les intérêts courus, de rentes cinq pour cent et au porteur ; voilà par addition quatre billets de banque de mille francs ; pour le surplus vous le trouverez dans certaines avances que j'ai faites en votre nom.

— Très bien, très bien, dit le député tout abasourdi. Ces rentes sont au porteur, très bien, très bien. Il y a longtemps que... Mais ce sont là vos affaires... Nous avons à régler un petit compte de détail, après quoi je vous donnerai quittance.

Le soir, Éléonore trouva Eugène plus rêveur et plus triste que de coutume.

— Vous avez de l'inquiétude jusque sur vos lèvres, lui dit-elle quand il l'eut embrassée en partant.

IX

Trois jours après, comme Eugène commençait à reprendre sa sérénité, un étranger entra dans l'étude et demanda à parler au notaire.

— C'est moi, monsieur, dit Eugène en saluant.

L'étranger était un homme de cinquante ans à peu près, grave, pensif, le front dépouillé.

— Monsieur, reprit-il en regardant avec attention le notaire, je voudrais vous parler en secret.

Eugène, un peu troublé par ce regard, fit signe à son clerc de s'éloigner.

— Je suis M. Rochat, de Mézières, poursuivit le nouveau venu; une lettre de famille m'a donné une mission pénible, la mission de conduire aux pieds d'un époux trahi une pauvre fille qui doit supplier pour sa mère et pour elle-même. Vous connaissez le commandant Laroche? Vous êtes son notaire, m'a-t-on dit; vous allez me donner de ses nouvelles.

— Il est mort, dit le notaire en pâlissant.

— Il est mort! Que n'ai-je pu venir plus tôt! J'ai fait un petit voyage en Hollande pour mes forges; au retour j'ai trouvé cette lettre qui m'attendait depuis quelques mois.

Après un silence inquiet, le notaire reprit ainsi la parole:

— De mon côté j'ai reçu aussi une mission. M. le commandant Laroche m'a confié un secret et un legs. Le secret, vous le savez sans doute. Pour le legs, c'est une somme de quarante-quatre mille francs et diverses parures de femme que je remettrai à la jeune fille à votre réquisition. Telle a été la volonté du commandant. Comme il désirait que les héritiers naturels ignorassent ce legs, il n'a point fait de testament. Il m'a remis le tout en main avec toute la confiance d'un honnête homme qui croit faire une bonne action. Quoi qu'il arrive, monsieur, en attendant la délivrance du legs, je vous supplie, pour la mémoire du commandant, de garder le secret comme je l'ai fait. Vous savez sans doute où est la jeune fille? Peut-être est-elle près de vous à Mézières? Les jeunes filles sont babillardes, faites que celle-là sache se taire.

— Vous pouvez compter sur elle et sur moi,

dit M. Rochat touché au cœur de la bonne œuvre du commandant et de la probité du notaire. La pauvre fille va être bien joyeuse. Quarante-quatre mille francs, c'est une fortune pour une fille à marier.

— Ah! elle est à marier? demanda Eugène en soupirant et comme par distraction. Et craignant que M. Rochat ne prît cette exclamation pour une demande en mariage, il s'empressa d'ajouter en souriant : Pour toute récompense je voudrais assister à son contrat de mariage.

— Je crois avoir son affaire, dit M. Rochat en se mordant l'ongle de l'index ; je vous promets, monsieur, que vous ferez le contrat de mariage.

— Ma foi, dit Eugène, pour tous honoraires je ne demanderai qu'un baiser si la mariée est jolie. Mais nous n'en sommes pas encore là. Quand voulez-vous revenir pour la délivrance du legs? Ces jours-ci, un grand procès prend tout mon temps ; d'ailleurs il faut, vous pensez bien, que cela se fasse en présence de la jeune fille.

— Eh bien! monsieur, je vais retourner à Mézières d'où je pourrai revenir dans quinze jours, le lundi 25 mars, si vous voulez.

— C'est entendu, le lundi 25 mars. Vous feriez peut-être bien de ne pas tout dire à la jeune fille avant ce jour; j'aurais du reste bien du plaisir à lui apprendre ce petit coup de fortune.

— Je vous réponds de mon silence.

Resté seul, Eugène Aubert pencha la tête en homme qui vient de subir un croc en jambe de la destinée; mais bientôt il la releva avec une noble fierté en songeant que son honneur n'avait pas reçu d'atteinte,

— A coup sûr, dit-il en se promenant avec agitation, il y a là-haut un Dieu qui s'amuse souvent de sa pauvre créature, qui veut savoir ce que vaut ce cœur qu'il a pétri avec un peu de boue. Dieu a daigné éprouver mon cœur.... Oh! mon Dieu, je vous remercie de n'avoir pas attendu à demain.

Eugène Aubert essuya deux larmes.

— Hélas! reprit-il, tout s'enchaîne ici-bas, excepté le bonheur. Demain c'en était fait, j'allais dire à Éléonore qu'elle serait bientôt la femme du notaire. Venait le mariage, avec le mariage le bonheur. A force de travail j'amassais de quoi remplir ce legs terrible. Mais voilà mon pot au lait répandu: adieu la noce, adieu l'amour, adieu le bonheur. Et réduit à épouser la première venue qui aura en dot quarante-quatre mille francs!

Comme il était descendu dans la cour, il rencontra l'ancien notaire qui lisait son journal.

— Eh bien! quelle nouvelle, monsieur Desmont?

— De mauvaises, tout va mal; je vois bien qu'il faut que je retourne au plus tôt. Je ne dis pas grand'chose, je n'en vote pas moins, et mon vote vaut bien certains discours gonflés de vent.

— Je suis de votre avis. A propos, j'ai deux mots à vous dire.

— Dites, je vous écoute.

— Vous m'avertissiez hier qu'il me fallait chercher une autre demeure, décidé que vous êtes à garder votre maison; depuis hier j'ai réfléchi, j'ai pensé avec effroi que j'allais me trouver seul; ce n'est peut-être pas ainsi que doit vivre un notaire. Après tout, le mariage a aussi ses bons côtés : or, de deux choses l'une, ou je me marie ou je cède l'étude. Comme vous êtes mon maître et mon conseil, dites-moi ce que je dois faire.

— C'est selon, dit le député devenu un peu diplomate.

Eugène comprit que le député voulait dire :
— C'est selon la femme que vous avez en vue : si c'est ma fille, mariez-vous ; si ce n'est pas Artémise, cédez plutôt l'étude afin que ma fille ait encore une chance en face de celui qui vous succédera. — Après avoir refoulé son amour au fond de son cœur, après avoir demandé en lui-même pardon à Éléonore, Eugène reprit la parole.

— Il y a bien quelqu'un que je serais fier d'épouser, mais je n'ai jamais osé y songer sérieusement.

— Qui donc? demanda l'ancien notaire avec un demi-épanouissement ; voyons, dites-moi cela.

A cet instant, on entendit retentir dans la cour la voix mélodieuse de mademoiselle Artémise. La pauvre fille chantait dans ses jours d'ennui une romance qui semblait faite pour elle :

LA FILLE A MARIER.

Petites fleurs qui croissez sur la rive,
Le vent jaloux passe pour vous cueillir.
J'appelle en vain, nul amoureux n'arrive;
Loin de l'amour me faudra-t-il vieillir?

Je ne suis pas une fille frivole.
Vit-on jamais mon sourire moqueur?
Et n'ai-je pas un baiser qui s'envole
Vers l'inconnu qui m'ouvrira son cœur?

Petits oiseaux qui traversez l'espace,
Nuages bleus emportés par le vent,
Priez le ciel qu'un tendre amoureux passe,
Un amoureux au cœur jeune et fervent.

On me l'a dit, je suis touchante et belle;
Quoi! tant d'attraits seraient-ils oubliés?
Amour! amour! ne me sois plus rebelle!
Ramiers plaintifs, priez pour moi, priez.

Elle prenait un singulier plaisir à chanter cette romance; on peut même dire qu'en la chantant, son cœur éveillé avait çà et là de certains élans poétiques; dans ses flottantes rêveries sa figure s'animait par le regard, par la couleur, par un certain sourire triste et doux, enfin elle était presque belle. Elle le savait, aussi elle n'avait garde de rester cachée; elle ouvrait la fenêtre, espérant qu'Eugène la verrait de son étude. Eugène l'avait vue quelquefois ainsi, il n'avait pu s'empêcher de s'avouer qu'avec un peu de bonne volonté un garçon sans fortune eût épousé de bon cœur la fille du notaire; mais, ajoutait Eugène, pour cela il ne faudrait pas avoir vu Éléonore.

Ce jour-là, quand Artémise eut fini de chanter, M. Desmont, hors de lui, entra bruyamment dans le salon.

— Ah! ma femme! ah! ma fille! ah! mon Dieu!

— Qu'y a-t-il? demanda madame Desmont tout effarée.

— Ma fille, dit le député qui sanglotait presque, embrassons-nous, embrasse ton père, embrasse ta mère. Tu vas te marier!

X

Le député ne perdit pas de temps, il ne donna pas à Eugène le loisir de changer d'avis, il se hâta de faire enregistrer les précieuses paroles du jeune notaire sur les affiches de la mairie et de l'église. Il est bien entendu qu'il demanda la dispense d'un ban. Eugène laissa tout faire à peu près en silence ; il s'abandonnait, sans se débattre, à son mauvais destin. Il avait revu Éléonore une seule fois; la scène avait été touchante, il lui avait tout confié par ses larmes, ou plutôt par sa sombre tristesse; en noble fille, Éléonore, loin de se plaindre, avait accepté ce fatal aveu avec une douleur résignée.

— Je vous l'avais bien dit, Eugène, que le bonheur n'est que le commencement d'un beau rêve : peut-être finirons-nous notre rêve là-haut. Vous avez bien fait de prendre ce parti, hélas! le monde est si mal fait, qu'il faut aujourd'hui, pour le bonheur, de l'amour et de l'argent, mais de l'argent surtout. Nous nous serions bien aimés, mais voilà tout ; on n'élève pas une famille avec des baisers ! Nous sommes loin de l'âge d'or, ou plutôt nous sommes dans l'âge de l'or. Cependant vous auriez dû attendre encore.

— Cruelle! se dit Eugène avec un soupir ; est-ce que je pouvais attendre !

Eugène ne pouvait s'habituer à l'idée d'épouser Artémise ; les cloches allaient l'appeler à l'autel, il doutait encore ; en vain il essayait de la parer d'ornements étrangers, il fermait les yeux sur les côtés faibles de la pauvre fille, il cherchait à s'enivrer dans la pensée de la fortune, du luxe, de l'ambition ; il en venait toujours à regretter Éléonore, à maudire sa faiblesse, à accuser son cœur.

M. et madame Desmont, jusque-là si engageants avec lui, avaient repris peu à peu leur petit air protecteur ; il n'était déjà plus le maître de lui-même en aucune façon ; à chaque heure du jour on lui faisait, sinon sentir, du moins pressentir un dur esclavage ; on lui dictait son avenir mot à mot, on lui traçait son chemin pas à pas, on lui peignait impitoyablement son horizon sous des couleurs communes. A peine s'il était libre de penser ; aussi, à chaque heure du jour, Dieu sait quel foudroyant anathème il lançait contre l'argent.

Pour mademoiselle Artémise, se croyant maîtresse du cœur d'Eugène, elle cherchait déjà à étendre son empire sur l'esprit du jeune notaire; elle veillait sur toutes ses actions, elle se trouvait partout à sa rencontre, le forçant ainsi de ne penser qu'à ses grâces; s'il lui paraissait distrait, elle le rappelait à elle par un regard déjà impérieux. Le pauvre Eugène ne savait où donner de la tête ni du cœur.

Cependant, en dépit de toutes ces menues tracasseries, il était résigné, il savait qu'en dehors de la famille il pourrait retrouver des heures faciles; il aimait la chasse, la promenade; il aimait toutes les petites comédies qui se nouaient et se dénouaient dans son étude; enfin, il aimait les enfants : les siens animeraient gracieusement le coin du feu conjugal. L'imagination est une bonne fée qui crée de sa baguette d'or des images aimables jusque sur les ruines du bonheur.

Enfin le jour vint de rendre compte à la légataire du commandant Laroche ; ce jour, c'était la veille des noces d'Eugène et d'Artémise. Déjà les violons s'accordaient, les convives préparaient leurs habits, leurs traits d'espri, leurs chansons, — on chantait encore il y a douze ans. Toute la basse-cour de M. Desmont était à feu et à sang ; déjà à trois lieues à la ronde on respirait un air de fête.

Donc, la veille au matin, Eugène demanda un quart-d'heure d'entrevue au député.

— Eh bien! qu'y a-t-il de nouveau, mon jeune ami?

— Je vous ai dit qu'un brave capitaliste de Mézières avait pris confiance en moi jusqu'à me prêter, sans autres hypothèques que ma bonne ou mauvaise fortune, les cinquante mille livres que j'ai versées entre vos mains il y a quinze jours. Or, ce brave homme vient me voir aujourd'hui ; pour lui prouver toute votre confiance en moi, je voudrais pouvoir le rembourser.

— Comment donc ! s'écria le député, les cinquante mille francs sont à vous comme Artémise.

— Très bien, dit Eugène, je suis fier de ne rien devoir qu'à vous-même.

Il attendit de pied ferme M. Rochat ; il allait accomplir fidèlement une grave mission ; il avait le cœur plus léger que de coutume. A onze heures, la petite porte de la cour s'ouvrit ; M. Rochat apparut à travers les massifs de dalhias, marchant de compagnie avec une jeune fille très belle et vêtue très simplement. Eugène ne vit pas d'abord la jeune fille ; il chercha, en se promenant dans son cabinet, des paroles attendrissantes ; mais tout d'un coup, s'avançant sur le seuil, il pâlit, il chancela.

« — Éléonore ! murmura-t-il ; quoi, c'était elle ! »

Mais voyant bien qu'il était trop tard, il appuya la main sur son cœur et reprit sa raison de toutes ses forces.

— Asseyez-vous là, dit-il en refermant la porte ; je vais en peu de mots vous dire les dernières pensées du commandant Laroche : il m'a appelé à son lit de mort, il m'a confié toutes les peines de son cœur ; il a pardonné avec effusion à cette pauvre femme égarée qu'il faut plaindre, et, pour être agréable à sa mémoire, il a voulu joindre un bienfait au pardon. Il m'a remis pour cette jeune fille qui était à sa femme, et qui n'était pas à lui, quarante-quatre mille francs qu'il a pu distraire de sa succession sans fâcher personne.

— C'est impossible ! s'écria Eléonore, vous voulez me tromper.

— Ces quarante-quatre mille francs, les voici, reprit Eugène d'une voix affaiblie.

— Que voulez-vous que j'en fasse maintenant? murmura Eléonore avec amertume.

XI

Cependant mademoiselle Artémise avait vu entrer Eléonore à l'étude. Elle était descendue toute rouge de colère à la chambre de sa mère.

— Le croiriez-vous? dit-elle avec feu, mademoiselle Eléonore est dans le cabinet de M. Eugène.

— En vérité! s'écria la mère; je voudrais

bien savoir ce que mademoiselle Eléonore peut faire dans l'étude.

Madame Desmont appela M. Desmont, qui lisait paisiblement la séance de la chambre au fond du jardin. Quand il arriva, mademoiselle Artémise pleurait déjà.

— Si nous allions écouter à la porte qui communique au salon? dit madame Desmont.

Et, tout en disant cela, elle traversait le salon à grands pas. Mademoiselle Artémise suivit sa mère, M. Desmont suivit sa fille. D'abord ils n'entendirent que des mots coupés; mais bientôt, M. Rochat s'étant mis à la fenêtre, les paroles d'Eugène et d'Eléonore leur vinrent aux oreilles plus distinctes et plus claires.

— Oui, ma pauvre Eléonore, disait Eugène, nous avions le bonheur entre les mains, mais nous l'avons découvert trop tard.

— Je vous disais bien, répondait Eléonore, que vous auriez peut-être dû attendre encore.

Quand M. Rochat vint me voir, il me dit d'espérer : moi j'espérais de bonne foi ; mais le lendemain vous vîntes à votre tour me dire que tout était fini.

— Tout n'est pas encore fini, s'écria Eugène en se frappant le front avec une généreuse colère.

Mademoiselle Artémise poussa un cri aigu, madame Desmont menaça de tomber évanouie ; le député, aux abois, ouvrit la porte sans trop savoir ce qu'il faisait. Une fois la porte ouverte, il fallait bien engager le débat. Vous comprenez que madame Desmont, remettant sa syncope à des temps meilleurs, entra la première, armée de son indignation, dans le cabinet du jeune notaire.

— A merveille, dit-elle d'une voix glapissante, on ne peut pas mieux tromper son monde.

M. Desmont voulut en vain contenir sa femme.

— Que faites-vous ici, mademoiselle Eléonore? reprit-elle en frappant du pied.

— Voyons, madame, dit Eugène, votre colère aveugle est hors de saison; il me semble que mademoiselle Eléonore a bien le droit d'être ici tout comme une autre.

— Tout comme une autre! Est-ce que vous voulez m'insulter par hasard? Quoi! vous prenez le parti de cette fille en face de moi et en face d'Artémise? Et je suis seule pour me défendre? Quoi! monsieur Desmont, voilà tout ce que vous dites? Est-ce que vous croyez que vous êtes à la Chambre des Députés?

En homme sensé, M. Desmont ne disait pas un mot. Il regardait tour à tour sa femme, sa fille, Eugène, Éléonore et M. Rochat, qui demeurait assez paisiblement à la fenêtre, avec un peu d'inquiétude pourtant.

— Et vous croyez, reprit madame Desmont au plus beau diapason de la colère, vous croyez, vous autres, que cela va se passer ainsi? vous croyez que je vais laisser cette fille se pavaner ici tout à son aise? Si elle avait un peu de cœur, elle serait déjà bien loin. Voyons, monsieur Desmont, reconduisez madame à la porte, s'il vous plaît.

M. Rochat vint gravement offrir la main à Éléonore. La pauvre fille, toute pâle et tout effarée par la colère de madame Desmont, tendit la main en chancelant. Eugène saisit cette main avec une sainte ardeur.

— Madame, dit-il en se tournant vers la femme du député, mademoiselle Éléonore restera ici tant qu'il lui plaira, car elle sera ma femme, et je suis chez moi.

Cette fois, madame Desmont tomba évanouie, mademoiselle Artémise se jeta dans les bras de son père; le tableau fut des plus pathétiques.

Eugène, tout agité par cette scène violente, sentit une larme d'Éléonore qui tombait sur sa main; il appuya tendrement la jeune et belle fille sur son cœur; il lui baisa les cheveux et lui dit:

— Éléonore! n'est-ce pas que vous serez ma femme? Cette larme est une promesse de mariage.

— Vous savez que je n'ai rien à vous répondre, murmura Éléonore en levant ses yeux si doux.

Eugène sortit avec Éléonore et M. Rochat. Ils prirent naturellement le chemin de la petite maison. A peine arrivés dans le parterre, Éléonore rappela à Eugène que son devoir était d'épouser mademoiselle Artémise; qu'il ne pouvait violer une promesse sacrée, qu'il devait se résigner au mauvais jeu du destin. Il commença par se moquer de la grandeur d'âme d'Éléonore, mais peu à peu, s'étant calmé, il tomba d'accord avec les idées de la pauvre fille, malgré son cœur, qui lui donnait le conseil d'être heureux avant tout.

— Oui, dit-il, oui, je veux être puni par où j'ai péché.

Il embrassa Éléonore comme sa sœur, comme une amante encore. Il retourna à l'étude de Ravenay résigné à son infortune, c'est-à-dire à son mariage avec mademoiselle Artémise, espérant, peut-être à son insu, que M. Desmont, que madame Desmont, que mademoiselle Artémise elle-même le dégageraient de sa promesse. Vaine espérance; on l'accueillit fort mal du premier abord; mais bientôt, soit pour éviter un scandale, soit pour la jeune fille, qui voulait d'autant plus se marier qu'Eugène le voulait moins, soit pour l'honneur de la basse cour, qui avait été mise à feu et à sang, on pardonna à Eugène en lui disant que c'était sa dernière folie de jeune homme.

Il se retrouva pris au trébuchet du mariage.

Que vous dirai-je d'Éléonore? Pauvre Éléonore, elle s'enferma dans sa chambre, elle pleura, elle pleura encore, elle pleura tout le jour, toute la nuit.

Le lendemain matin, elle devait partir pour Mézières avec M. Rochat, qui était touché de son malheur et qui voulait la distraire un peu par un voyage. A l'heure du départ, elle pressentit qu'elle ne reviendrait plus dans le pays qui lui était si cher. Sa douleur éclata plus violente que jamais; avant de s'éloigner, elle voulut parcourir encore seule et à pied le vallon où naguères elle avait tant de fois promené ses espérances d'amour. On touchait aux jours d'automne, la nature avait déjà reçu les premières atteintes de l'hiver; les feuilles jaunies murmuraient tristement sur les branches ou fuyaient par bouffées sur les chemins. Une mélancolie douce au cœur était répandue de toutes parts. La pauvre Éléonore, près de perdre de vue pour jamais ce joli pays, où elle laissait son âme toute déchirée, tomba agenouillée sur la route, regarda une dernière fois, au-dessus des noyers de la ferme, le toit bleu de la maison du notaire, éleva ses yeux mouillés au ciel, et murmura en appuyant sa main sur son cœur : Adieu ! adieu !

XII

Cependant, le jour des noces, tout n'alla point au gré du député, de sa femme et de sa fille. Eugène Aubert partit dès l'aube et ne revint pas. Où était-il allé? Sans doute sur les traces d'Éléonore. M. Desmont prévit en homme sagace, que, pour la célébration dudit mariage, il ne manquerait que le mari. Une lettre qui lui fut remise par un garde champêtre ne lui laissa plus de doutes sur ce chapitre. Eugène partait sans retour ; il donnait un pouvoir sous seing privé pour céder à un autre l'étude maudite. Après avoir lu cette lettre, M. Desmont courut à la chambre de sa fille, qui essayait devant son miroir le voile et le bouquet de la mariée.

— Ma pauvre Artémise, dit-il en lui prenant la main, tu es malade, très malade ; tu vas te coucher en attendant le médecin, je n'ai pas le temps de t'en dire davantage.

Il sortit par la ville d'un air effaré.

— Ma fille est malade, disait-il à tous venants, je ne puis la marier aujourd'hui.

— Quand la marierez-vous donc? lui demanda malicieusement son adjoint, qui déjà avait revêtu l'écharpe tricolore.

Maintenant, si vous voulez rejoindre Eugène Aubert, vous suivrez cette route où déjà vous avez vu s'éloigner la triste Éléonore. La route est ombragée d'ormes et de tilleuls; avancez toujours. Mais là-bas, au bord de l'étang, n'est-ce pas elle qui s'assied sur les feuilles sèches? Elle incline son front pensif, elle cherche encore l'image d'un bonheur évanoui. Qui donc vient interrompre sa rêverie? Vous avez reconnu Eugène Aubert, car quel autre que lui se jetterait ainsi à ses pieds les bras ouverts? Quel autre que lui entraînerait avec ivresse Éléonore souriante et déjà consolée?

KARL HENRI.

Les grands dévouements accomplis en vue de la cause publique, ne me touchent guères, je l'avoue. La foule est là qui les contemple, l'histoire les inscrit sur ses tables d'or et l'immortalité s'en empare. Placé à si gros intérêts, l'héroïsme n'a rien qui m'émeuve ni qui me surprenne. Ce n'est d'ailleurs, la plupart du temps, qu'un transport au cerveau, un emportement des sens exaltés, et tel s'exécutera de bonne grâce en plein théâtre, aux acclamations des loges et du parterre, qui dans les coulisses n'eut été qu'un très pauvre sire.

Ce qui me touche et m'émeut profondément, au-delà de ce que je pourrais dire, c'est l'héroïsme à huis-clos, c'est le dévouement fonctionnant dans l'ombre, sans aucune des excitations de la gloire, c'est l'abnégation et le sacrifice en vue d'un devoir terne et presque toujours ingrat. La vie bourgeoise a ses héros et ses martyrs, plus grands que Curtius et les Décies : je n'en veux citer qu'un exemple.

Vers l'an 1850, je faisais partie d'un groupe de jeunes gens tendrement unis. La même province nous avait vus naître et grandir : nous avions étudié dans le même collége, le même désir d'apprendre et de connaître nous avait conduits à Paris : nous nous aimions et nous avions vingt ans. Que sont-ils devenus tous ces jeunes amis qui s'étaient promis de vivre et de vieillir ensemble? La mort a pris les uns : la vie a dispersé les autres. A cette heure, nous descendons chacun de son côté le versant de la colline que nous gravissions alors en nous tenant tous par la main, et c'est à peine s'il en reste encore deux ou trois qui se cherchent parfois du regard et se hèlent de loin en loin. Que de rêves envolés! que d'ambitions déçues! que d'espérances avortées! Hélas! et qu'elles ont passé vite, ces belles années de la jeunesse!

Or, dans ce temps déjà si loin de nous, le hasard avait jeté dans notre intimité un jeune homme pour qui nous nous étions tous pris, les uns et les autres, d'une affection fraternelle. Il se nommait Karl Henry. Comme sa famille l'avait voué dès l'âge le plus tendre à l'étude du droit, il se trouvait avoir à vingt ans la passion et le génie de la musique. A coup sûr Gall et Spurzeim eussent trouvé quelque conformité entre son crâne et ceux de Mozart et de Beethoven. Quoique charmant, il n'était point beau : mais qui l'eut observé dans un coin du théâtre Italien : alors qu'on exécutait l'*Otello* ou le *don Juan*, aurait cru voir le souffle de Dieu passer sur ce pâle visage. Le fantastique Hoffmann, en le voyant ainsi, l'eût aimé. Il avait d'ailleurs l'admiration muette. Je me souviens d'avoir assisté près de lui à la première représentation de *Guillaume Tell*. Il ne bougea ni ne souffla mot ; pas un cri, pas un geste, pas un mouvement d'enthousiasme. Seulement, quand nous fûmes dehors, il m'entraîna loin de la foule et tout à coup me serrant dans ses bras, il laissa couler avec ses larmes les flots émus qui l'oppressaient. Plongeant du premier coup dans la profondeur du chef-d'œuvre, il avait tout senti, tout compris ; il me tint le reste de la nuit à m'en dévoiler les magnificences.

C'était, je l'ai dit, une vraie passion, la seule que nous lui ayons connue pendant le temps qu'il vécut parmi nous. Il eut fait volontiers vingt lieues à pied pour entendre la symphonie en *ut mineur* : il était pauvre et se privait gaiement de dîner pour payer sa place aux Bouffes. Il s'étonnait que Rossini n'eût point été couronné, comme Pétrarque, au Capitole : un jour, en apprenant que la veuve de Mozart vivait encore, il parla sérieusement de partir pour aller lui baiser les mains.

On pense bien qu'avec un tel amour, il était musicien lui-même. Il connaissait en effet cette langue divine. Il lisait une partition comme nous autres un livre, et tous ces petits points noirs qui n'étaient pour nous que des taches d'encre, gazouillaient sous ses yeux et lui donnaient les plus beaux concerts. Il jouait même du violon, mais il avait toujours refusé de se faire entendre devant nous, disant qu'il n'en jouait que pour lui seul, à l'unique fin d'accompagner les mélodies qui chantaient dans son cœur. A vrai dire, nous n'étions guère désireux de savoir à quoi nous en tenir là-dessus. Nos goûts et nos instincts nous portaient ailleurs, et notre éducation musicale avait été si nulle ou si incomplète que les idées qui le préoccupaient nous étaient à peu près étrangères. Nous n'avions pas eu le bonheur d'être élevés au piano, comme on l'est à présent, et de grandir dans une atmosphère de dièzes, de bémols, de blanches et de doubles croches : aussi étions-nous en ceci d'une ignorance devenue bien lourde à porter, depuis que la France s'est transformée en un immense orchestre où les enfants eux-mêmes font glorieusement leur partie. Karl Henry n'était donc pour nous qu'un garçon affectueux et tendre qui aimait beaucoup et savait un peu la musique. Lui-même ne se croyait pas autre chose. Plein de candeur et s'ignorant lui-même, il n'avait jamais songé à se demander si ce grand amour qu'il avait n'était pas une révélation du génie qui couvait dans son sein. Bien qu'il n'y trouvât aucun charme, il se préparait par l'étude des lois et de la procédure à réaliser l'espoir de sa famille, et, quoiqu'il souffrît en silence, il continuait à creuser patiemment son sillon, car c'était avant tout une âme droite et forte, profondément pénétrée du sentiment de ses devoirs.

Voici pourtant ce qui arriva :

Un soir, étant allé le visiter (il occupait une petite chambre au cinquième étage dans la rue du Bac), je le surpris dans un état d'exaltation difficile à décrire. Il était à peu de chose près en chemise, un archet d'une main, un violon de l'autre, les cheveux en désordre, les yeux étincelants, le front chargé de sueur. Aussitôt qu'il me vit, il déposa sur une table son violon et son archet, et venant à moi,—ah! mon ami, s'écria-t-il en m'embrassant, que c'est beau! que c'est admirable! Ce doit être la symphonie que les anges et les séraphins jouent les jours de fête, aux pieds de l'Éternel.

Il s'agissait de je ne sais quelle symphonie qu'il avait dénichée, le jour même, en flânant sur les quais, et qu'il était en train de déchiffrer lorsque j'avais ouvert la porte. Dans son enthousiasme, il reprit l'archet et le violon, puis, se campant devant son pupitre, il attaqua la partition. C'était la première fois que je l'entendais. Lorsqu'il eut achevé, il se tourna vers moi, et, voyant mon visage baigné de pleurs, n'est-ce pas que c'est beau? me dit-il. — Oui, m'écriai-je, oui, c'est adorable!

Et l'embrassant à mon tour, je le pressai contre mon cœur. Heureux, et ne supposant pas qu'il fût pour quelque chose dans l'admiration que je manifestais, il ne résista plus au charme qui l'entraînait. Pareil à ces chanteurs qu'il faut solliciter deux heures et qu'on ne peut arrêter une fois qu'ils ont commencé, il me joua tous les morceaux qu'il affectionnait le plus. Quant à l'arrêter, je n'y songeais guères et je l'écoutais dans un ravissement que rien ne saurait exprimer. En même temps je l'observais avec surprise, car, aussitôt qu'il jouait, il se passait en lui quelque chose de si étrange qu'il eût été difficile de ne pas en être frappé. C'était une transfiguration complète. Son front s'illuminait : je croyais voir autour de lui comme une atmosphère lumineuse, je croyais entendre les étincelles du fluide électrique pétiller dans les boucles dorées de sa chevelure frémissante. Le regard inspiré, les narines gonflées et les lèvres tremblantes, il y avait dans sa pose et jusques dans ses doigts nerveux et secs qui couraient et s'allongeaient sur les cordes de l'instrument, ce je ne sais quoi d'imprévu, de poétique et de pittoresque, qui n'appartient qu'aux grands artistes, et que la médiocrité essaie vainement d'imiter. Après chaque morceau, il venait s'asseoir près de moi sur son lit, et là nous causions du grand art qu'il aimait. Il me conta qu'il tenait le peu qu'il en savait d'un vieil oncle qui lui avait laissé en mourant, son violon, vrai trésor. — Car c'est un *Stradivarins,* ajouta-t-il en le baisant avec amour et avec respect. Là-dessus, il joua cette valse qu'on est convenu d'appeler la dernière pensée de Weber, ou plutôt cette dernière pensée de Weber qu'on est convenu d'appeler une valse : Quand il eut fini, nous pleurions comme deux enfants. Pour dissiper l'impression douloureuse, il exécuta quelques fantaisies éblouissantes, et quand je lui demandai de quel maître, il me répondit en souriant que c'était de sa façon. Me voyant rêveur. — A quoi donc pensez-vous? dit-il. Je me demande, lui répondis-je, si vous ne seriez point par hasard quelque homme de génie. — Il partit d'un grand éclat de rire et se mit à se rouler sur son lit comme un chat en gaîté: mais tout d'un coup et sans transition il redevint sérieux et grave. — Mon ami, me dit-il, ne me parlez jamais ainsi ; gardez-vous de troubler mon cœur ; j'ai besoin de toute mes forces et de tout mon courage. — A ces mots, il serra son violon dans sa boîte et prenant un volume que je reconnus pour être les *cinq Codes*, il le plaça sous son traversin. — Voici mon oreiller, me dit-il: c'est le talisman qui défend mon chevet contre les tentations de l'art, et contre les séductions de la gloire. — En cet instant, deux heures du matin sonnèrent à l'église des missions, et à tous les couvents d'alentour. Je serrai la main de Karl et me retirai tout étourdi, ne sachant que penser de ce que je venais d'entendre.

A partir de ce jour, je retournai tous les soirs dans la chambre de la rue du Bac. Chère petite chambre, nid d'étudiant et de poète, je crois la voir encore! C'est là que j'ai passé les plus doux instants de ma première jeunesse. Je vois encore les murs tapissés d'un papier de tente à raies bleues, les deux fenêtres ouvrant sur de vastes jardins dont les parfums montaient jusqu'à nous durant la belle saison : çà et là les portraits lithographiés de la Sontag et de la Malibran; les bustes en plâtre de Haydn, de Gluck et de Mozart; des rayons chargés de *trios*, de *quatuors* et de sonates; quelques livres de jurisprudence se prélassant sur une table d'un air ennuyé; enfin le stradivarius dans son étui de bois peint en noir comme un

Dieu dans son tabernacle : je revois tout, je n'ai rien oublié, tous ces détails d'ameublement se groupent avec grâce dans mes souvenirs autour de l'aimable figure qui en était l'âme et la vie. Après tant d'années qui nous séparent de ces jours charmants, il est encore des airs que je ne puis entendre sans que je ne sente aussitôt mon cœur tressaillir, celui par exemple d'une *fièvre brûlante*, de Grétry, que Karl Henry ne se lassait point de jouer sur son violon, et que je ne me lassais point d'écouter. J'ai, depuis lors, entendu bien des exécutants, car, Dieu merci ! ce ne sont pas les exécutants qui auront manqué à notre époque. J'en ai vu de fort habiles et de très illustres : les uns jouaient tout un opéra sur une seule corde; les autres imitaient tous les instruments et jouaient de tous, excepté de celui qu'ils avaient à la main. J'ai assisté à des merveilles en ce genre. Eh bien ! je le dis encore à cette heure, à part deux ou trois grands artistes, que Dieu nous a pris sans doute pour diriger l'orchestre de ses chérubins, je n'en ai pas rencontré qui m'ait autant charmé que le faisait ce jeune Karl Henry. Il est vrai qu'en ces sortes de choses je n'ai jamais été un juge bien compétent. Si je suis touché, tout est bien; si je reste froid, rien ne vaut. Il est des gens qui soutiennent que c'est au monde la plus sotte façon de juger : j'en suis fâché, car c'est la mienne. Je fais plus de cas d'un sentiment naïf simplement exprimé, que de tous les tours de force et d'agilité qu'exécutent les clowns de l'art, aux applaudissements de la foule. En musique comme en littérature, je suis de l'avis d'Alceste : et préfère la chanson du roi Henri, pourvu qu'on me la chante juste, à tous les sonnets d'Oronte et à toutes les gargouillades des gosiers les plus exercés. A ce compte, comme il m'arrivait presque tous les soirs en écoutant le violon de Karl, de me sentir ému jusqu'aux larmes, on comprendra que j'en sois venu vite à croire à son génie. Le bruit s'en répandit parmi nos amis ; tous voulurent l'entendre, tous furent charmés comme moi. Karl devint bientôt l'Orphée de notre groupe. Nous lui composâmes un public de jeunes enthousiastes : nous lui donnâmes comme un avant-goût de la gloire.

— Hélas ! nous disait-il souvent, amis, vous me perdez, vous jetez dans mon cœur une ivresse funeste; vous éveillez en moi des rêves insensés. Pourquoi me montrer ce fantôme que je ne dois jamais saisir ? pourquoi me présenter la coupe enchantée où mes lèvres ne boiront jamais ? Je suis voué à une tâche ingrate et l'obscurité me réclame.

Cependant, tous, excepté lui, nous nous précipitions avec l'ardeur de notre âge, dans les avenues de la littérature et des arts. Son droit achevé, Karl Henry se préparait à retourner dans sa province. Naturellement fier et réservé, il ne nous avait jamais entretenus de sa position, mais, à la façon dont il vivait, nous avions compris aisément que sa famille était peu fortunée. Un soir que j'étais seul avec lui dans sa chambre qu'il se disposait à quitter pour toujours, il en vint à me parler pour la première fois des rigueurs de sa destinée : il le fit avec amertume.

— Vous êtes heureux, vous autres, disait-il : moi, je vais m'ensevelir vivant dans un tombeau.

Il marchait comme un jeune lion dans sa cage et se frappait le front. Pour se calmer, il prit son violon et improvisa des mélodies si remplies de tristesse que mes larmes coulèrent le long de mes joues et qu'il pleurait lui-même en s'écoutant. Je me levai, je courus à lui et le prenant entre mes bras, je lui demandai pourquoi, au lieu d'aller s'enfouir dans une carrière qui répugnait à tous ses instincts, il ne cherchait pas à se créer par son talent, par son génie peut-être, une position sur le grand théâtre où sa place me semblait marquée. Ce n'était pas la première fois que je l'entreprenais sur ce sujet; je réussis à l'ébranler.

Le lendemain, un hasard singulier me mit en relation avec un gentilhomme qui avait l'honneur et le bonheur d'être admis dans l'intimité du grand Baillot. Ce gentilhomme recherchait les artistes, aimait la musique et passait pour s'y connaître. Je lui parlai de mon jeune ami avec un enthousiasme tel qu'il en conçut le désir de l'entendre. Nous convînmes d'un jour, et, ce jour arrivé, j'allai prendre M. de R***, et le menai chez Karl Henry que je n'avais pas cru devoir prévenir, crainte de l'effaroucher.

Ce Karl Henry était déjà, comme tous les grands artistes, un être bizarre, fantasque, capricieux. Il nous fut impossible de tirer de lui un seul coup d'archet, et lorsqu'il sut qu'il avait affaire à la curiosité d'un ami de Baillot, il ne se gêna point pour en témoigner son humeur et demanda sérieusement si nous prétendions nous moquer de lui. Nous eûmes bien de la peine à l'apaiser. J'espérais qu'il consentirait du moins à causer de son art avec M. de R***; mais pendant tout le temps que dura notre visite, nous ne pûmes le faire parler d'autre chose que du code de procédure et des pandectes de Justinien. Il déclara qu'il n'entendait rien à la musique, qu'il ne s'en souciait pas davantage et qu'il donnerait volontiers toutes les perruques réunies de Mozart, de Weber, de Haydn et de Beethoven, pour un seul cheveu du faux-toupet de Tribonien. J'étais désolé. En sortant je crus devoir adresser des excuses à M. de R***; mais celui-ci m'interrompit en me disant : — Ce garçon me plaît: tâchez de me le faire entendre.

Voici de quelle façon je m'y pris et comment j'en vins à mes fins.

A quelque temps de là, je fis cacher M. de R*** dans un cabinet qui n'était séparé de ma chambre que par une mince cloison. J'avais écrit le matin à Karl pour lui dire que je l'attendais avec son violon. Je l'appelais ainsi toutes les fois que j'étais triste et souffrant; il accourait et me guérissait en quelques coups d'archet. A l'heure indiquée, je me blottis tout habillé sous ma couverture et j'attendis mon médecin qui ne manqua pas d'arriver.

Après être resté quelques instants assis à mon chevet, il tira son violon de l'étui, et se prit à jouer comme je ne l'avais point encore entendu jusqu'ici. Cependant, me défiant de moi-même, je me demandais avec inquiétude ce qu'en devait penser M. de R*** dans sa cachette, quand tout d'un coup, au milieu d'un grand morceau de Beethoven, la porte du cabinet s'ouvrit violemment; M. de R***, se précipita dans la chambre et passant brusquement ses bras autour de Karl, il le pressa contre son cœur. En même temps, je m'étais jeté à bas de mon lit, et je sautais comme un fou, sur le parquet, tandis que Karl, son violon d'une main et son archet de l'autre, ne savait comment se défaire des étreintes qui l'étouffaient.

Il est de par le monde quelques hommes qui, sans avoir jamais rien fait, se trouvent mêlés activement au mouvement des arts et de la littérature; ce sont des hommes heureux qui, à défaut de la puissance créatrice, ont reçu du ciel le goût, l'instinct et la passion des belles-choses. Critiques en plein vent, Bohémiens de l'intelligence, ils vivent en marge des peintres, des sculpteurs, des écrivains et des poètes. Tout Paris sait leurs noms : parfaitement inconnus hors barrières, ils jouissent *intrà muros* d'autant de célébrité que n'importe qui. Au courant de tout, il n'est pas un chef-d'œuvre sur les chantiers qu'ils ne visitent au moins une fois la semaine, pas de production contemporaine dont ils ne prélèvent, pour ainsi dire, la fleur et les prémices. Ils connaissent le drame que M. Hugo achève pour le théâtre Français, et le tableau que M. Glaire exposera, l'an prochain, au Louvre. Leur parole a de l'autorité, leur opinion fait loi. Natures bienveillantes en général, exemptes pour la plus part des jalousies, des haines et des rivalités du métier, ils vont au-devant du talent qui commence, ils s'en emparent et le protègent : ils sont les parrains du génie au berceau. Ils mourront sans avoir rien fait que parler ; mais ils auront eu, leur vie durant, tous les petits profits de la gloire.

M. de R*** était un de ces hommes heureux. Le jour même il emmena bon gré malgré

Karl Henry dîner avec lui, et, le soir, sans lui dire où il le menait, il le conduisit chez Baillot.

On sait, ou, si l'on ne sait pas, on saura que Baillot, (irréparable perte!) réunissait chez lui, une fois par semaine, quelques artistes de choix, et qu'il exécutait avec eux, en présence de rares élus, les symphonies de Beethoven et les quatuors de Mozart. Ce qu'on ne peut savoir, à moins d'en avoir été témoin, c'est avec quelle grâce, avec quelle bonté ce grand artiste présidait ces réunions dont il était l'âme et la gloire. Ces soirs là, les anges s'échappaient du ciel pour venir écouter à la porte du sanctuaire. Or, ce fut par un de ces soirs que M. de R*** introduisit Karl chez le roi du violon.

J'étais resté chez moi, plein de trouble et d'anxiété. Je sentais que l'avenir de Karl dépendait de cette épreuve solennelle; j'étais sûr qu'il ne rentrerait pas chez lui sans m'apporter auparavant le bulletin de la soirée. En effet, entre onze heures et minuit, je le vis entrer, comme un insensé, dans ma chambre. Il se jeta dans mes bras, et durant plus de cinq minutes je ne pus rien comprendre à ses discours : il parlait, riait et pleurait à la fois. Enfin, les premiers transports apaisés, je réussis à le faire asseoir et j'écoutai avec ivresse le récit, souvent interrompu, de son triomphe. J'exigeai qu'il n'omît point le plus petit détail : je voulais tout savoir, il dit toute sa surprise, lorsqu'il s'était vu, sans y avoir été préparé, face à face avec Baillot : son émotion, devant le bienveillant accueil du maître ; sa joie et ses extases, lorsqu'il avait entendu la plus belle musique du monde exécutée par les plus grands artistes d'ici-bas. Mais lorsqu'il en fut arrivé à l'endroit de sa narration que je guettais surtout avec impatience, il se leva, et, la voix plus ardente, le regard plus brillant, le front plus inspiré :

— Voici! s'écria-t-il. Je me tenais debout, dans un coin, on venait d'achever la symphonie pastorale ; je contemplais Baillot avec un sentiment de religieuse admiration, quand je le vis se détacher d'un groupe, se diriger vers moi et me présenter son violon. Je ne compris pas d'abord ce qu'il voulait ; dans mon trouble, je pris machinalement son violon et le lui rendis après l'avoir porté pieusement à mes lèvres. Mais ce n'était point de cela qu'il s'agissait, et je compris enfin que j'étais tombé dans un horrible guet-apens. Mon premier mouvement fut de me précipiter vers M. de R*** pour lui tordre le cou ; je me sentis cloué à ma place. J'essayai de parler, je ne pus ; je voyais tourner autour de moi tous les objets et tous les assistants, tandis que devant moi, dans le centre de la ronde infernale, Baillot, immobile et ter-

rible comme la statue du Commandeur, me
présentait son violon. Je crus que j'étais fou,
j'espérai que c'était un rêve. Combien de
temps dura cette hallucination? je l'ignore.
Tout ce que je sais, c'est qu'il vint un instant
où, comme un homme qui se jette la tête la
première dans le gouffre qu'il ne peut plus
éviter, par un mouvement de rage et de désespoir je m'emparai du violon, et saisissant l'archet comme un glaive, j'allai me planter au
milieu du salon. Je ne me souviens plus du
reste, si ce n'est qu'il se fit tout d'un coup un
tonnerre d'applaudissements et que je tombai
dans un fauteuil, épuisé et sans connaissance.
Quand je revins à moi, je me vis entouré de
visages amis et j'aperçus Baillot qui me regardait en souriant. — O mon maître!... m'é-
criai-je tremblant et confus, en m'inclinant
sur ses mains que je pressais respectueuse-
ment dans les miennes. Lui, simple et bon

comme le génie, m'ouvrit ses bras et m'embrassa aux applaudissements de l'assemblée.— Armé chevalier! dit M. de R*** en me frappant doucement sur l'épaule. Je lui sautai au cou, mais je ne l'étranglai pas.

Ce que j'avais prévu arriva : cette soirée décida de la destinée de ce jeune homme. Il jeta comme on dit, le froc aux orties et se voua tout entier au culte de l'art. Il ne me confia rien des luttes qu'il eut à soutenir, à ce sujet, contre sa famille; mais je pus m'en faire aisément une idée. Je compris qu'il ne recevait plus la pension que son père lui avait servie jusqu'alors, et qu'en attendant la vogue et la fortune, il allait se trouver aux prises avec ce monstre hideux qui s'appelle la pauvreté : dirigé par Baillot qui le tenait en vive affection et qui ne lui épargna ni ses leçons ni ses conseils, il pouvait espérer de devenir en peu de temps un des violonistes les plus distingués de son époque; mais Karl aspirait à une plus belle gloire, et Baillot lui-même, loin de l'en détourner, l'y poussait, car le maître avait reconnu dans l'élève une étincelle du foyer créateur. D'ailleurs le grand artiste pressentait avec tristesse l'invasion des exécutants qui devaient quelques années plus tard se ruer dans son domaine, comme autrefois les Normands dans le royaume de Charlemagne; Baillot semblait prévoir qu'il emporterait avec lui le secret de ce bel art qu'il avait élevé si haut. Karl tourna donc vers la composition toutes ses études, toutes ses facultés et tous ses efforts. Cependant il fallait vivre. Trop fier pour s'ouvrir sur sa position de fortune soit à Baillot, soit à M. de R*** qui auraient pu le faire attacher à l'un des théâtres lyriques, il donnait çà et là quelques leçons, copiait de la musique, comme Jean-Jacques, et jouait, le soir, à l'orchestre d'un petit théâtre du boulevart. Il gagnait ainsi le pain de chaque jour et travaillait le reste du temps en vue de l'avenir qui promettait de le récompenser de tant de douleurs et de tant d'amertumes dévorées en silence.

Ce fut à cette époque de sa vie que je partis pour un long voyage. J'allai lui dire adieu dans cette petite chambre où j'avais passé près de lui de si bonnes heures.

— A mon retour, lui dis-je, vous serez célèbre et ce ne sera plus à ce pauvre nid que je devrai vous venir chercher : la gloire et la fortune vous en auront fait descendre depuis longtemps, et je me vanterai d'avoir été le premier à vous comprendre et à vous deviner.

— Quoiqu'il arrive, me dit-il, obscur ou célèbre, riche ou pauvre, vous me trouverez bien heureux de vous revoir et de vous embrasser.

Nous nous séparâmes en promettant de nous écrire.

Pour peu qu'on ait vécu, on sait ce que deviennent ces promesses de s'écrire entre amis, surtout à cet âge orageux où la passion de l'amitié a cédé le pas à tant d'autres. Je reçus une lettre de Karl à Gênes. Je lui répondis à Florence. Notre correspondance n'alla pas au-delà, mais au milieu des préoccupations qui m'absorbaient, je portai partout le souvenir et l'image de ce jeune homme; je le retrouvai partout dans ma pensée comme une des joies les plus vives que me réservait le retour. Je cherchais son nom dans tous les journaux français qui me tombaient sous la main. Je ne doutais pas que son étoile ne brillât bientôt du plus vif éclat.

Après quatre ans d'absence, en traversant le Berry pour rentrer à Paris (car c'est là toujours qu'il nous faut revenir), je profitai d'un accident arrivé à la diligence pour gagner à pied la cité voisine où se trouvait le plus prochain relai. Je ne tardai pas à l'apercevoir coquettement assise sur le versant d'une jolie colline. La position en était délicieuse : les maisons groupées dans la verdure, le clocher perçant le feuillage, la rivière au bas du coteau, le pont d'un effet moins rassurant que pittoresque, la belle avenue de peupliers, tout me charmait et j'admirais tout, sans songer que j'avais devant moi un de ces repaires de méchants et de sots qui s'appellent des petites villes. Quand j'y entrai, tout changea de face, car il est à remarquer qu'il en est de ces trous d'humains comme des antres que les bêtes fauves se creusent au fond des forêts : ce ne sont aux alentours que fraîcheur et parfums, gazons touffus, sources d'eau vive; à l'intérieur, c'est un charnier infect et hideux. Au bout d'une rue sale, étroite et mal pavée, qui s'appelait modestement rue Royale, je débouchai sur une petite place dont l'extrémité plantée d'arbres, tenait lieu sans doute de jardin public. Quelques bourgeois à l'air important et rogue s'y promenaient gravement en fumant leur pipe. Pour égayer mes loisirs, je m'arrêtai devant une halle d'un aspect malhonnête et peu sain, et je me mis à lire les affiches qui en placardaient l'extérieur. J'appris là une foule de choses, d'abord que j'avais l'honneur d'être dans les murs de la ville de Saint-Florent; ensuite que M. de Saint-Ernest et mademoiselle Plantamour, *premiers sujets du théâtre Français*, se rendant à la cour du roi de Piémont où ils étaient impatiemment attendus, avaient daigné s'arrêter quelques jours à Saint-Florent pour y jouer les plus belles pièce de leur répertoire; puis, que le célèbre Loyal, *artiste en agilité*, s'élèverait en ballon, le dimanche, après vêpres, et qu'il lancerait un feu d'artifice sur la ville, à soixante-quinze mille pieds au-dessus du niveau de la mer :

puis, qu'il venait d'arriver à Saint-Florent une ménagerie, composée, entre autres bêtes curieuses, de deux *mastodontes* vivants, animaux d'autant plus rares, disait l'affiche, que la race en est complètement perdue depuis quelques milliers de siècles. Suivaient les annonces judiciaires, *biens à vendre ensemble ou séparément, coupes de bois, licitations, adjudications*; mais, dieux immortels! quels ne furent pas mon étonnement et ma stupeur, en apercevant ces simples mots : *S'adresser à M. Karl Henry, avoué à Saint-Florent!* Avoué, lui, Karl Henri! avoué à Saint-Florent! Hélas! pensai-je avec tristesse, il aura manqué d'énergie et de volonté, il a succombé dans la lutte. Le papillon est retourné à sa chrysalide, le lys est rentré dans sa bulbe noire et terreuse.

Cependant, je doutais encore que ce fût lui. Un enfant du crû, à qui je donnai généreusement de quoi passer deux fois le pont des Arts, au premier voyage qu'il ferait à Paris, me conduisit à l'étude de M⁶ Karl. Je pénétrai dans une grande maison triste, froide et silencieuse. L'étude était à gauche au rez-de-chaussée; à droite, montait lourdement vers les étages supérieurs un large escalier dans lequel un propriétaire de la Chaussée-d'Antin aurait trouvé moyen de faire tenir deux ou trois appartement complets; dans le fond, j'entrevis un petit jardin où quelques fleurs se réjouissaient sous les baisers d'un doux soleil d'automne.

Le cœur ému, je poussai la porte de l'étude et j'entrai dans une salle humide et sombre, meublée de deux clercs dont je me pris, en attendant le maître absent, à observer le travail ingénieux et cruel. Ce travail consistait à attraper les mouches qui volaient autour de leur écritoire et à les enfermer sous une coquille de noix percée d'un trou presqu'imperceptible; cela fait, ils veillaient sur les tentatives d'évasion, et quand une des prisonnières s'avisait de passer sa petite tête par le trou fatal, un des jeunes bourreaux la lui tranchait avec la lame d'un canif. Je vis ainsi décapiter plusieurs douzaines de victimes; le sol était jonché de cadavres. Heureusement, le retour du patron vint mettre fin à ces sanglantes exécutions. Au bruit de ses pas qu'ils reconnurent, un des terroristes cacha précipitamment dans sa poche l'instrument du supplice, et s'étant jeté chacun sur sa plume, tous deux se mirent à griffonner avec rage.

C'était lui, c'était mon Karl Henry! Il rentrait du tribunal, avec une énorme liasse de papiers sous le bras, encore tout chaud et tout bouillant d'une plaidoirie, vraie catilinaire, qu'il venait de fulminer contre une bande de canards qui s'étaient permis de prendre leurs ébats dans le pré d'un de ses clients. Nous tombâmes dans les bras l'un de l'autre, et quand nous nous fûmes embrassés à plusieurs reprises, il m'entraîna dans le jardin et me fit asseoir sous une tonnelle de houblon et de vigne vierge. On pense quelle joie des deux côtés, et que de questions échangées coup sur coup et n'attendant pas la réponse !

— Parlons de vous d'abord, dit-il en insistant ; ensuite viendra mon tour.

— Je n'ai rien à conter, lui répliquai-je ; j'ai quelque peu voyagé et n'ai retiré de mes voyages d'autre satisfaction que celle de rentrer chez moi. S'assurer que les hommes sont partout les mêmes, pétris partout du même limon, en proie aux mêmes inquiétudes, agités des mêmes passions ; retrouver partout le spectacle des mêmes misères, changer sans cesse de lieux et ne point parvenir à se changer soi-même ; errer isolé de ville en ville, sans communications avec notre passé, sans liens avec notre avenir; traîner çà et là une curiosité ennuyée, admirer des monuments qui n'attestent pour la plupart que l'orgueil, la folie et le malheur des hommes; se fatiguer à chercher bien loin des sites moins beaux que ceux qu'on a chez soi, voilà ce qu'on appelle voyager : c'est à coup sûr le plus triste de tous les plaisirs. Parlons de vous, ami. Tel d'ailleurs n'a jamais quitté le foyer de ses pères, qui en sait plus long que beaucoup d'autres revenant des contrées lointaine : tel n'a fait que le tour de son cœur, qui a vu plus de pays que s'il eût fait le tour du monde. Par quel hasard vous trouvez-vous ici dans cette petite ville, au fond de cette provice, à la tête de cette étude, vous que j'ai quitté, il y a quatre ans à peine, à Paris, épris des arts, amoureux de la gloire, rempli d'ardeur et de génie?

Voyant qu'il se taisait, je craignis d'avoir offensé quelque amour-propre déjà souf frant, irrité quelque susceptibilité douloureuse.

— Pardonnez ces questions, m'écriai-je, et ne songeons qu'à la joie de nous retrouver.

— Mon ami, dit-il enfin, avez-vous quelque affaire qui vous presse et ne sauriez-vous, sans nuire à vos intérêts, me donner un jour ou deux? D'abord, vous me devez cela après une si longue séparation ; ensuite, vous comprendrez mieux ce que j'ai à vous dire, quand vous aurez passé quelques heures sous ce toît.

— Je n'ai rien qui me presse et suis tout à vous, m'écriai-je.

— Allez donc, ajouta-t-il, prévenir à la diligence : je vous attendrai pour dîner.

Je revins au bout d'une heure, l'étude était fermée; je montai au premier étage, ce fut Karl lui-même qui m'ouvrit la porte. Il me prit par la main et m'introduisit dans un grand salon où je vis d'abord deux femmes assises dans l'embrâsure d'une fenêtre. Il me conduisit vers elles et s'adressant à la plus âgée :

— Ma mère, dit-il en me nommant, c'est l'ami dont je vous ai tant de fois parlé.

Puis, me présentant à la plus jeune qui s'était levée pour me recevoir :

— Mon ami, me dit-il, c'est ma femme.

Je restai quelques instants troublé : J'avais compté sur un dîner de garçons et ne m'attendais pas, en venant, à trouver Karl en ménage. J'observai sa femme; elle avait la beauté du diable. Je m'aperçus bientôt que la mère était aveugle : elle me parut avoir l'air commun, revêche et tracassier.

— Monsieur, dit-elle d'une voix aigre, vous avez pour ami un bien mauvais sujet : je veux croire sans vous flatter que vous valez mieux que lui.

— Ma mère, répondit Karl avec douceur,

notre ami est trop modeste et trop indulgent pour en convenir.

J'avais pensé d'abord que ce n'était de la part de la vieille mère qu'une façon de plaisanter, mais, à l'attitude du fils, je crus comprendre qu'elle parlait sérieusement, et je n'en doutai plus, quand j'entendis la jeune femme dire à son tour :

— Allons, maman, il ne faut pas le gronder; il est bien gentil, ce pauvre chéri! il a bien travaillé tout ce mois! Il a plaidé à toutes les audiences et n'a pas gagné moins de douze procès.

— C'est bon, c'est bon! répliqua la bonne vieille en grommelant; c'est un paresseux et un lâche qui mourra sans avoir achevé d'acquitter le prix de son étude.

— Ma mère, dit Karl en s'agenouillant auprès d'elle, vous êtes parfois bien sévère.

Et il lui baisa la main.

En cet instant, la porte du salon s'ouvrit pour donner passage à trois grandes filles qui n'étaient ni de la première beauté ni de la première jeunesse, une exceptée qui paraissait au matin de la vie, et qui ne manquait ni de grâce ni de distinction, ni même d'un certain charme. Les deux autres pouvaient avoir de vingt-huit à trente ans; elles ressemblaient à ces fleurs étiolées, flétries avant de s'être ouvertes et auxquelles il n'a manqué pour s'épanouir qu'un peu de brise et de soleil. Elles me saluèrent d'un air sec et compassé, tandis que la plus jeune m'examinait d'un regard curieux.

Savez-vous rien de plus éloquent et de plus adorable que la façon dont Oreste, dans *Iphigénie en Tauride*, présente à sa sœur son ami? « *C'est Pylade, ma sœur.* » Rien de plus; mais à ce trait sublime, que Talma rendait, dit-on, avec tout le génie de l'amitié antique, qui ne sent pas son cœur s'émouvoir n'est point digne d'avoir un ami. Ce fut ainsi que Karl me présenta à ses trois sœurs; en entendant prononcer mon nom, la plus jeune sourit et un pâle rayon passa sur le terne visage des deux autres.

On fit cercle autour de l'aveugle et la conversation s'engagea. On parla de Paris.

— Séjour de perdition! dit la mère.

— Karl y a fait bien des folies! ajouta la sœur aînée en se pinçant les lèvres.

— Si j'ai le malheur d'avoir un fils, je réponds bien qu'il n'y mettra jamais les pieds, répliqua la jeune madame Karl.

— On dit qu'on y enlève les femmes en plein jour, dit la seconde sœur avec indignation.

— Je voudrais bien y aller, moi! dit la troisième en soupirant. Pendant le peu de temps que dura cet aimable entretien, je découvris que toutes ces femmes se détestaient les unes les autres et que ce devait être un enfer que cette maison ; les deux vieilles filles jalousaient leur belle-sœur qui était jalouse elle-même de la grâce et de la distinction de la plus jeune. Karl gardait le silence et je pleurais sur lui dans mon cœur.

Une grosse créature, qui cumulait dans l'intérieur de Karl Henry les fonctions de cuisinière et de femme de chambre, étant venue annoncer que le dîner était servi, on passa dans la salle à manger.

D'après le fragment de conversation que je viens de rapporter, on peut se faire aisément une idée de ce qui se dit pendant le repas. Ce qui me frappa surtout, c'est qu'à part la jeune sœur qui paraissait aimer son frère d'une tendre affection, on traitait le maître du logis avec un sans façon qu'on aurait pu prendre au besoin pour du mépris et du dédain mélangés d'un peu de pitié. Loin d'en témoigner de l'humeur, Karl se montrait pour sa mère, sa femme et ses sœurs, plein de respect, d'égards et de tendresse. Ne m'avisai-je pas de parler du talent de Karl sur le violon! Le pauvre ami me regarda d'un air suppliant; mais il n'était plus temps. On le traita de fou, d'extravagant, d'artiste et de poète, tous mots qui avaient la même signification dans l'esprit de celles qui les prononçaient. La mère déclara que le gueux de violon était bien heureux qu'elle fût aveugle, et qu'elle l'aurait jeté depuis longtemps au feu, si elle avait pu mettre la main dessus.

— Ah! monsieur, s'écria la femme de Karl avec componction, on ne saura jamais tout le tort que le violon a fait à mon pauvre mari!

— C'est le violon qui l'a perdu, ajouta une des vieilles filles.

— Encore, s'il en jouait avec agrément, dit l'autre.

— Mais ce pauvre chéri n'est pas même capable de faire danser la société! reprit l'épouse avec compassion.

Karl avait de grosses larmes qui roulaient dans ses yeux, et je vis sa jeune sœur qui lui serra furtivement la main sous la table.

La fin du dessert fut signalée par l'apparition d'une espèce de butor que j'aurais pu croire échappé de la ménagerie dont j'avais lu l'annonce quelques heures auparavant. C'était un gros homme à la démarche lourde, à l'air rusé et fin, moitié renard, moitié hippopotame. Je crus comprendre que j'avais devant moi le prédécesseur et le beau-père de Karl; en effet c'était l'honnête homme qui avait cédé en même temps son étude et sa fille à mon malheureux ami. Il avait donné vingt-cinq mille francs de dot à sa fille, et vendu soixante-quinze mille francs à son gendre, une étude qui en valait quarante mille. A ce compte, il s'était débarrassé pour rien de sa progéniture, et se trouvait gagner dix mille francs sur le marché.

Il entra, ses mains dans ses goussets, le chapeau sur la tête, avec l'impertinent aplomb d'un créancier mal appris en visite chez son débiteur. Soit qu'il n'eût point remarqué la présence d'un étranger, soit qu'il ne s'en souciât pas autrement :

— Les avoués de mon temps, dit-il en jetant un coup-d'œil sur la table, servaient moins de plats au dessert, mais ils avaient du pain sur la planche.

A ces mots, Karl Henry se leva pâle et froid de colère.

— Ah! çà, monsieur mon gendre, s'écria l'aimable beau-père, sans lui laisser le temps de répondre, j'en apprends de belles sur votre compte. Il paraît que vous refusez des causes, sous prétexte qu'elles sont mauvaises. Sachez, monsieur, qu'il n'y a de mauvaises causes que celles qui ne rapportent rien. Qu'est-ce que cela signifie? avez-vous résolu de ruiner mon étude et de mettre mon enfant sur la paille?

— Monsieur, répondit Karl avec dignité, vous oubliez que votre étude est devenue la mienne, que votre enfant est ma femme, que mes affaires ne sont pas les vôtres et que je suis maître chez moi.

— Malheureux, s'écria la mère aux abois, tu outrages ton bienfaiteur! Il ne te manque plus que de chasser tes sœurs et ta mère.

— Comment, mille diables! disait le beau-père en frappant du pied le parquet, vous me devez encore vingt mille francs et je n'aurais pas le droit de mettre le nez dans vos affaires! payez-moi et je vous laisserai tranquille, mais je ne souffrirai pas que vous fassiez du désintéressement à mes dépens.

— Ah! mon cher M. Jauneret, reprit la mère avec désespoir; ce n'a jamais été qu'un sans ordre, un sans cœur; c'est lui, le malheureux! qui a fait mourir mon pauvre cher mari de chagrin.

— Ah! que je suis malheureuse! ah! que je suis malheureuse! s'écria la femme de Karl en se précipitant tout en pleurs dans les bras de son excellent père.

— Il est certain qu'au train dont il y va, ajouta une des vieilles filles, Karl finira par perdre l'estime des honnêtes gens.

— Va, laisse-les dire! murmura la jeune sœur en l'embrassant; notre père est là-haut qui te bénit, et moi je suis ici-bas qui t'aime.

Karl la pressa sur son cœur avec effusion. Puis m'ayant fait signe de le suivre, il sortit, impassible et grave.

Quand nous fûmes dans son étude, seuls en présence l'un de l'autre, il s'accouda sur une table, appuya son front sur sa main, et demeura longtemps silencieux dans une attitude affaissée. Je le regardais avec tristesse, et mesurant l'abîme dans lequel il s'était laissé choir, je ne pouvais me défendre d'un sentiment de pitié presque dédaigneuse. Je l'accusais malgré moi d'avoir fléchi dans la lutte glorieuse qu'il avait entreprise et d'avoir préféré aux poétiques douleurs de la pauvreté ce qu'on est convenu d'appeler dans le monde *une position lucrative et honorable.*

Comme s'il devinait ce qui se passait en moi :

— Mon ami, dit-il enfin, je dois vous sembler bien bas tombé; que de fois, moi-même, n'ai-je pas pleuré sur ma déchéance! mais Dieu me jugera: j'ai foi en sa justice et en sa bonté. Mon histoire est bien simple; je vais vous la dire en deux mots. Ma famille a toujours été pauvre; j'ai compris de bonne heure que j'en devais être un jour l'unique appui. C'est à ces fins que mes parents me firent donner ce que nous appelons une éducation libérale. Orgueil ou tendresse, ils se saignèrent aux quatre veines, aucun sacrifice ne leur coûta, et mes sœurs manquèrent de tout afin que rien ne me manquât. Vous savez par quelle fatalité j'en arrivai à trahir les espérances qu'on avait placées sur ma tête. Vous savez aussi que je ne m'y décidai pas légèrement. longtemps je combattis mes goûts et mes instincts, et lorsque j'y cédai, sur la foi de Baillot, je m'accusai longtemps avec amertume de disposer, contre le vœu de mes parents, d'une destinée qui ne m'appartenait pas. Cependant, je me dis que dans notre époque la gloire et la fortune se tenaient par la main, et la conscience que j'avais de pouvoir un jour enrichir ma famille, me fit persévérer dans la voie nouvelle où j'étais entré. J'ai bien lutté, j'ai bien souffert ; je me suis débattu sous les étreintes de la pauvreté : j'ai marché, chargé de reproches et de malédictions; mes sœurs aînées m'appelaient mauvais fils ; ma mère m'appelait mauvais frère; ma jeune sœur m'envoyait en secret ses petites économies et parfois mon père y joignait les siennes, car il m'adorait, mon vieux père. Je marchais, j'avançais toujours. J'entendais une voix mystérieuse qui me disait, va! et j'allais. J'allais, les pieds meurtris et le cœur en sang; mais quand je voulais m'arrêter, va! s'écriait la voix fatale. Je reprenais ma course et j'allais.

O ma petite chambre! enchantement de l'art! joies du travail! fêtes de la solitude! pauvreté, liberté! hallucination de la gloire! Un jour enfin, un jour, la côte que je gravissais s'adoucit sous mes pas; il se fit entendre autour de moi comme un grand coup de vent qui balaya le ciel, et, du haut de la montagne où je venais d'atteindre, j'aperçus la terre promise. Ignoré de la foule, mon nom n'était déjà plus inconnu parmi les artistes. Chez Baillot, on exécutait ma musique et je me sentais déjà caressé par ce premier souffle de la célébrité, pareil aux brises qui précèdent et annoncent le lever de l'aurore. Baillot croyait à mon génie, et moi-même, pardonnez-moi, mon Dieu, ce dernier cri d'un orgueil que vous avez si cruellement frappé! parfois je me surprenais à y croire. Mais au moment où j'entrevoyais, quoique dans un avenir encore lointain, le prix assuré de mes efforts, je tombai foudroyé sur le sol d'airain de la réalité. Mon père mourut. Éternelle douleur! il est mort et je ne l'ai point assisté à son heure suprême. Ses yeux, près de se fermer pour ne plus se rouvrir, ne m'ont pas vu agenouillé à son chevet; je n'ai pas reçu ses derniers adieux; mes larmes n'ont point coulé sur ses mains glacées. O noble et tendre cœur! âme charmante! nature aimable et bonne! Mon ami, si votre père vit encore, ne vous reposez pas sur l'avenir du soin de réparer les négligences et les oublis trop communs aux affections humaines, et dont ne sont pas même exemptes les plus saintes et les plus sacrées; hâtez-vous de l'aimer, car rien n'est plus incertain que cet avenir sur lequel nous comptons, pour réparer les fautes du passé et pour nous racquitter en tendresse; et, croyez-le, c'est un grand remords et un grand désespoir de ne pouvoir payer que sur un tombeau une dette d'amour et de soins. Mon père mourut; ce fut un coup de foudre. Je ne sentis d'abord que la perte horrible : quand je vis clair à travers mes larmes, je demeurai frappé de terreur devant l'immensité du désastre. La mort de mon père laissait ma mère et mes trois sœurs sans aucune espèce de ressources. Le revenu de la place qu'il occupait de son vivant suffisait tout juste aux besoins de sa famille; l'argent qu'il avait pu mettre de côté à force d'ordre et de privation avait été absorbé par mon éducation et par mon entretien durant les trois premières années que j'avais passées à Paris. Ma mère aveugle et mes trois sœurs, habituées à vivre dans une honnête aisance, se trouvaient donc réduites à la pauvreté. J'examinai froidement ma position. Je commençai, il est vrai, à entrevoir le but où tendaient mes efforts ; mais j'en étais encore loin. Il ne suffit pas d'arracher au travail le secret du talent ; il faut ensuite réussir. Tout est là, réussir ! et quand on a réussi, il faut réussir encore, puis encore, et toujours. Ce n'était plus pour moi qu'une question de temps ; mais je ne pouvais plus attendre. Vous n'êtes pas sans avoir réfléchi aux obstacles sans nombre, que notre art doit vaincre et renverser avant d'arriver jusqu'au public. Ecrivain ou poète j'aurais pu tenter la chance : musicien je fus perdu. Nul ne saura, Dieu seul a vu ce qui s'est passé en moi à cette époque de ma vie ; c'est ce qui m'a fait espérer en sa justice et en sa bonté. Ma mère et mes sœurs étaient près de crier la faim; ma résolution fut bientôt prise, je renonçai à ce jeu de hasard qui s'appelle la gloire. Je vendis toutes mes partitions et j'en envoyai le prix à ma mère; je réglai mes petites affaires, et, sans rien dire à personne, je partis, un matin, à pied pour ma province. Je n'étais plus le Karl Henry que vous aviez connu quelques années auparavant; celui-là s'était lui-même immolé, la veille, sur l'autel de ses devoirs.

A ces mots, il s'interrompit et moi je lui pris une main que je pressai sur mon cœur avec un sentiment d'admiration et de respect.

— Mon ami, reprit Karl, vous devinez aisément le reste. J'avais étudié le droit et la procédure. Je rencontrai un homme qui ne demandait qu'à se débarrasser de sa fille et de son étude; j'épousai l'étude et la fille. Ainsi fut consommé le sacrifice. Ce que j'ai supporté, vous ne sauriez l'imaginer. Les commencements ont été bien rudes; j'ai dû lutter, non-seulement contre moi-même, mais aussi contre les sots et les méchants au milieu desquels je suis condamné à vivre. Mon ami, on m'a abreuvé de dégoûts, d'outrages et d'amertume. Ajoutez-y les ennuis d'une profession pour laquelle je ne suis pas né, et dans laquelle il est presqu'impossible de s'enrichir sans s'appauvrir du côté de l'âme et de la probité. Non, voyez-vous, nul au monde ne saura ce que j'ai souffert. Mon goût pour la musique a fait douter de mon aptitude aux affaires; mon violon m'a perdu de réputation; j'ai dû m'interdire d'y toucher. Mes confrères, race pire que celle des loups-cerviers, ont fait courir le bruit que j'étais fou; j'ai vu ma clientèle s'éclaircir et ce n'est qu'à grand'peine que je suis parvenu à la rallier. Un soir, dans un bal à la sous-préfecture, où je me trouvais avec ma femme et avec mes sœurs, le ménétrier ayant fait défaut, on me pria de le remplacer. Je m'y résignai de bonne grâce. J'envoyai chercher mon violon, et je jouai d'abord, sur un mouvement vif et rapide, cette valse que vous aimiez tant, *la dernière pensée de Weber*. Tout alla bien durant quelques instants ; mais je ne sais par quel fatal enchantement, j'en vins à oublier et le bal et le monde qui m'entourait. Sans y prendre garde, je ralentis peu à peu la mesure, et me mis à jouer, comme autrefois, dans ma petite chambre, quand je vous avais pour complice et pour auditeur. Tandis que je jouais, tous ces souvenirs charmants s'éveillaient dans mon cœur, mais pleins de tristesse et de mélancolie, et je sentais mon visage inondé de larmes. Tout à coup je me réveillai : les groupes de valseurs étaient immobiles et me regardaient avec stupeur ; les méchants riaient sous cape ; les sots s'appitoyaient sur mon sort ; ma femme venait de s'évanouir, et mon beau-père me lançait des regards à me percer de part en part. Le sous-préfet déclara que je jouais faux; madame la sous-préfète parla sérieusement de me faire jeter par ses gens à la porte. Qui pourrait dire tout ce qu'il m'a fallu d'énergie pour me relever, après un coup pareil, dans l'opinion de Saint-Florent? Je crois même que ce temps d'épreuve et de réhabilitation dure encore. J'accomplirai jusqu'au bout ma tâche. Avec le devoir pour point d'appui, la volonté est un levier qui peut, sinon soulever des montagnes, du moins les étayer sans en être écrasé. Pourtant, ami, n'allez pas croire que j'aie la prétention de me donner à vous pour un héros de résignation ; je ne joue point au martyre. J'ai bien souvent des rebellions secrètes ; bien souvent aussi j'ai de secrets dédommagements. Ma famille est moins dure et plus indulgente que vous ne le pourriez croire; vous êtes tombé sur un mauvais jour.

Ma vieille mère est aigrie par l'âge et par les infirmités; mais elle m'aime au fond. Mes sœurs aînées ont vu leur jeunesse se flétrir dans le célibat; ils faut bien leur pardonner quelques mouvements d'humeur. Ma femme ne me comprend guère; mais la faute en est à son éducation plus encore qu'à ses instincts. Mon beau-père a parfois de bons moments à table. Jenny, ma jeune sœur, est ma joie, ma consolation, mon ange tutélaire. Nous sommes frère et sœur moins par le sang que par le cœur. Elle aime la musique; elle chante avec goût. La nuit, quand tout repose et dort, nous nous levons à pas de loup, et nous nous réfugions dans la partie la plus retirée du logis. Je prends mon violon, elle chante et nous faisons ainsi de petits concerts, en nous gardant bien toutefois d'éveiller personne. Une fois dans la semaine, à certaines heures, nous nous donnons rendez-vous dans la campagne. Chacun s'échappe de son côté; nous nous retrouvons derrière une haie et de là nous nous envolons à travers champ, causant l'un et l'autre d'arts, de poésie, et souvent aussi de notre père qui nous chérissait l'un et l'autre. Nous nous aimons comme deux pauvres enfants du bon Dieu, et la jalousie de ma femme qui nous surveille comme deux amoureux, donne encore à notre tendresse un charme et un attrait de plus. Telle est ma vie; je souffre et je bénis le ciel qui a mis, avec un rayon de soleil entre les murs de ma prison, une fleur entre les barreaux de ma fenêtre.

Ainsi parla Karl Henry.

Qu'ajouterais-je à ce simple récit? Je partis le lendemain, et, pour finir comme j'ai commencé, pensez-vous que l'histoire ait dans ses fastes beaucoup de héros qui vaillent ce pauvre avoué de province?

FIN.

TABLE

Marie de Joysel   1

La Fille a-Marier 177

Karl Henri. 281

SCEAUX. —IMPR. DE E. DÉPÉE.

www.ingramcontent.com/pod-product-compliance
Lightning Source LLC
Chambersburg PA
CBHW060323170426
43202CB00014B/2649